戦争・核に抗った 忘れえぬ人たち

岩垂弘 著

同時代社

目次

はじめに 009

金子兜太
平和に執念を燃やした前衛俳句の巨匠 011

福富節男
「デモ屋」と呼ばれた数学者 018

野添憲治
中国人・朝鮮人の強制連行解明に挑む 024

吉田嘉清
戦後平和運動の最大のヒーロー 029

佐藤行通
生涯を平和運動に捧げた陸士出の僧侶 …… 035

池田眞規
護憲と核兵器廃絶に奔走した稀代の弁護士 …… 041

フィデル・カストロ
共産陣営では稀にみる清廉さ …… 048

川島幹之
反戦のスタンディングをして逝ったスポーツ記者 …… 055

進藤狂介
献身無私のオルガナイザー …… 061

見崎吉男
第五福竜丸被災のビキニ事件の証人 …… 066

半田孝淳
反核平和を説いた天台宗座主 071

鶴見俊輔
常に現場に身を置いた知識人 077

吉川勇一
生涯平和運動家として生きる 084

本島等
運動に画期的な足跡を残した長崎市長 090

荒井なみ子
行動力抜群の〝日本のサッチャー〟 097

中沢啓治
漫画「はだしのゲン」に込めた思い 104

庄野直美
「広島のシンボル」と呼ばれた物理学者 111

服部学
ひたすら核兵器廃絶のために生きる 116

井上ひさし
常に大衆の一員、庶民の一員として 123

本多立太郎
「戦争の語り部」として全国どこへでも 127

樋口篤三
愛称は「革命の寅さん」 132

石井桃子
名作「ノンちゃん雲に乗る」に秘めた恋 137

澤田和子
反戦放送の長谷川テル紹介で功績 141

栗原貞子
初めて日本の「加害責任」に言及した被爆詩人 146

小林トミ
持続する反戦市民運動の実践者 156

木下恵介
戦時中に反戦映画をつくった監督 163

藤井日達
徹底した非暴力による平和運動を提唱 167

氏名不詳
戦時下に英米人との友好を説いた軍事教官 172

末永敏事
反軍を唱えて消えた国際的結核医 176
山本宣治
治安維持法に反対して刺殺された代議士 182

戦後平和運動の到達点

189

はじめに

今年（2018年）は「明治150年」に当たる。この150年を振り返ると、前半、後半という2つの時代に分けられるだろう。前半は明治維新（1868年）から太平洋戦争での敗戦（1945年）までの77年、後半は敗戦から今日までの73年である。

明治維新以降の日本の前半は、戦争ばかりしていた時代であった。1874年の台湾出兵に始まって、1894年の日清戦争、1904年の日露戦争、1914年の第1次世界大戦、1931年の満州事変、1937年の日中戦争、1939年のノモンハン事件、1941年の太平洋戦争と続く。「日本は10年おきに戦争をしていた」と言われるほどである。

それに引き換え、「明治150年」後半の日本は73年間にわたって、戦争を始めることも戦争に巻き込まれることもなく、平和が続いてきた。これは「10年おきに戦争をしていた」戦前の日本と比べれば画期的なことと言える。第2次世界大戦後、日本の周辺でも戦火が絶えず、朝鮮戦争、ベトナム戦争などがあった。それでも、日本はこれらの戦争に巻き込まれることがなかった。

こんなにも長期にわたって日本で平和が続いてきたのには、それなりの要因がある。ここではそれらを列記して詳細に論ずることはしないが、その一つに、私は日本の市民によって続けられてきた平和運動を挙げたいと思う。こうした運動があったからこそ、反核平和を求める世論が形成され、その結果、交戦権を認めない日本国憲法第９条が守られ、そのことによって日本が戦争を発動することも他国の戦争に巻き込まれることもなかったのだ、と考えたい。そればかりでない。そうした運動が続けられてきたからこそ、日本の核武装も阻止されてきたのだ、と考える。

本書は、そうした戦後の平和運動に携わった人たちの中から私の記憶に残っている人たちの活動の一面を紹介したものである。

日本のメディアは、一般的に平和運動には冷淡だ。それだけに、私はこれまで、反核平和のために尽力した人たちの業績が人びとの間で忘れ去られることがないよう、できるだけ記録しようと努めてきた。それを最初にまとめたのが『「核」に立ち向かった人びと』（日本図書センター、２００５年）である。ここでは、50人を取り上げた。

これをパートⅠとすると、パートⅡともいうべきなのが『核なき世界へ』（同時代社、２０１０年）所収の「反核・反戦・平和に生きた人びと」だ。ここでは、14人を紹介した。これに続くのが、30人を取り上げた本書で、いわばパートⅢである。これら3冊で取り上げた人たちは、いずれも故人。

なお、本書に収録した原稿は、すでに「週刊朝日」、長野県の岡谷市文化会館カノラホールソサエティ発行の「カノラホールソサエティ」、広島文学資料保全の会発行の「人類が滅びる前に　栗原貞子生誕百年記念」、ブログ「リベラル21」に発表したものか、それに加筆したもの、巻末の「戦後平和運動の到達点」は書き下ろしである。

２０１８年６月

平和に執念を燃やした前衛俳句の巨匠

金子兜太

「ここに人間あり」。人間として極めて存在感ある人だった。2018年2月20日に98歳で亡くなった、俳人の金子兜太（かねこ・とうた）さんである。その印象を一言でいえば、豪放、磊落《らいらく》、骨太にして反骨、飾り気のない自由人ということになろうか。「前衛俳句の旗手」とか「反戦平和に執念を燃やす俳人」と言われたが、98年に及ぶ生涯の原点は、西太平洋のトラック島における戦争体験だった。

トラック島での戦争体験

金子さんに初めて会ったのは、1982年11月25日である。当時、私は朝日新聞社会部記者で、取材のために金子さんにインタビューを申し込んだのだった。

当時、朝日新聞は夕刊で『新人国記』を連載中だった。全国1道1都2府43県の著名人を、その人たちを生んだ風土と歴史をからめながら紹介する企画で、私は岩手県と埼玉県を担当した。

埼玉県では約50人をリストアップしてインタビューを試みたが、その1人が金子さんだった。当時も熊谷市に住んでおられたが、取材を申し込むと浦和まで出てきてくれた。喫茶店で話を聞いた。

当時、63歳。小柄だが図太い体躯から吐きだされる言葉は実に力強く、私はすっかりその虜になってしまった。「よし、決めた」。私は、『新人国記』埼玉県編の第1回でこの人を取り上げることにした。

『新人国記』埼玉県編は1983年4月26日から始まった。そこで、私はこう書いた。

「秩父。県の西方に連なる奥深い山地である。切れの深い山々に囲まれたわずかな平地は日射量が少なく、寒さが厳しく、地味も薄い。こうした風土が、素朴だが気性が激しく、根性があって忍耐強い人びとをはぐくむ」

「そんな秩父人の典型が、熊谷市在住の俳人金子兜太（六三）だ。中秩父・皆野町の開業医で俳人、それに秩父音頭の生みの親でもあった伊昔紅の長男に生まれ、東大を出て、昭和十八年、日銀に入る。だが、すぐ軍隊にとられ、トラック島に赴任。九死に一生を得て日銀に復職するが、多くの戦友の死をまのあたりに見た衝撃から、『死者に報いるには、反戦平和のために生きることだ』と、従業員組合の運動に身を投じ、初代書記長となる」

「エリートコースを外され、地方にとばされる。地方勤務十年。その中で、秩父人としての反骨が頭をもたげる。『日銀がオレを認めないなら、オレの方から見切りをつけてやる。これからは、日銀を食いものにしてやるぞ』。日銀での栄達をあきらめ、旧制高校時代から趣味でやっていた俳句に生きようと決意する。

朝はじまる海へ突込む鷗の死

昭和三十一年、神戸支店にいた時の句だが、カモメの死と回生に託して、自らの新たな門出への決意を詠んだものだ。それまでの俳句が専ら花鳥風月を詠んでいたのに対し、金子は社会を、人間をうたった。季語なんか、無視した。いわば、俳句に現実感や社会性を盛り込もうとしたのである。句界からの反発は強く、『ゲテモノ』『異端』の声。しかし、やがて『前衛俳句の旗手』と呼ばれるようになる」

「日銀の方は四十九年に定年退職。その時のポストは証券局主査。いわゆる金庫番で、金子によれば『カスみたいなもの』。現在、俳誌『海程』の代表、現代俳句協会副会長」

つまり、トラック島での体験が、金子さんにとって人生の転機となったのだった。

金子さんの著書『二度生きる』（チクマ秀版社、1994年刊）によると、徴兵された金子さんは1944年3月、トラック島の海軍基地（第四海軍施設部）に主計中尉として着任した。そこは要塞構築部隊だったが、金子さんの仕事は金銭に関することと、食糧の調達と管理だった。

この年6月にサイパンが陥落すると、のべつまくなしに米軍機が飛来し、爆撃と銃撃を繰り返すようになり、戦死者が続出。日本本国からの食糧補給も完全に絶たれ、食べるものがなくなって餓死者が続出した。こうして、敗戦までに、トラック島にいた日本人（軍人と工員が大半）4万人のうち3

分の1が亡くなった。

敗戦から1年3カ月後、本国から迎えに来た駆逐艦で生き残った戦友とともに島を離れ、帰国の途につく。その時、戦没者を弔うために建てた墓碑が見えた。墓碑は、戦友たちを最後の一瞬まで見送ろうとしているかのように見えた。

その時、金子さんの心につのってきたのは、部下たちを死なせたことへの責任感だった。「その光景を駆逐艦の甲板上から眺めながら、私は自分にはっきりと誓っていました。これまで私は人のために何もしてこなかった、この先私は頑張ろう、死んだ人たちのために頑張ろう、そうすることで彼らの死に報いよう、そう肚をくくっていたのです。

水脈《みお》の果て炎天の墓碑を置きて去る

その時作った句です」

「世のため人のために頑張らなければだめだという気持ちに目ざめさせられたのです。戦争はよくない、平和が大事だ、反戦平和にこれからの私の生き方をかけよう、その結果自分の首をはねられようとどうしようと知ったことではない、どうせ私はとっくに死んでいるのだから今で言えば、『格好いい』と言うことになるのでしょうが、本気でその時私ははっきりと腹を固めました」

「トラック島は私にとって、戦後の歩みの原点です。……組合活動に身を投じたのも、後に俳句専念を決意したのも、元を辿ればすべてここに集約されます」(『二度生きる』)

「アベ政治を許さない」

その後、金子さんは俳句に関する活動のかたわら、平和問題で発言を続けるが、多くの人びとに強烈な印象を与えたのは、安保関連法反対運動での金子さんの行動だろう。

安倍政権は2014年7月に憲法第9条の解釈を変えて集団的自衛権行使容認を閣議決定し、それを法制化した安保関連法案を15年に国会へ提出した。これに反対する多くの人たちが国会周辺につめかけたが、その人たちが掲げるプラカードには「アベ政治を許さない」の文字が躍っていた。これは、作家・沢地久枝さんの求めに応じて金子さんが揮毫《きごう》したもので、安保関連法反対運動のシンボルとなった。

金子さんとしては、「今こそ、平和のために声をあげなくては」という危機感の発露であったのだろう。

金子さんに最後にお目にかかったのは、2015年12月12日である。私が関わっている市民団体の平和・協同ジャーナリスト基金がこの日、第21回平和・協同ジャーナリスト基金賞贈呈式を東京の日本記者クラブで行い、基金賞（大賞）を、中日新聞、東京新聞など中日新聞グループで連載中だった『平和の俳句』に贈呈したことから、選者の1人の金子さんが会場に駆けつけてこられたのだ。

その時、「今朝、野坂昭如君が死んだ。彼は時々、『また変なものが地上にふわふわふわふわしておる』と言っとった。そのような時勢が生まれつつあるのではないかと思い、まだあと何年も生きるつもりでおりますから、その間頑張っていきたい」とあいさつされたことを鮮やかに思い出す。

第21回平和・協同ジャーナリスト基金賞贈呈式にかけつけた金子兜太さん（中央、右側は筆者）。2015年12月12日、日本記者クラブで。左側は漆原淳俊・元朝日新聞記者

金子さんはまた、平和・協同ジャーナリスト基金への支援者で、毎年、基金に寄付を寄せた。

金子さんのモットーは「捨身《しゃしん》飼《し》虎《こ》」。自分を捨てて、人のために生きる、という意味という。他人に優しく、他人を思いやる人だった。

〔リベラル21・2018年2月27日〕

〈追記〉金子兜太さんのお別れの会が２０１８年６月22日、東京の有楽町朝日ホールで開かれた。現代俳句協会をはじめとする俳壇関係者、一般参列者ら約８００人が参加し、献花して金子さんとの別れを惜しんだ。

発起人の一人で現代俳句協会前会長の宮坂静生さんが発起人を代表してお別れの言葉を述べたが、宮坂さんはその中で「あなたによって俳句史は生きた人間の心の表現史に書き換えられた」と話しかけ、さらに「山国・秩父で育った兜太さんは、土に培われた〝美の型のようなもの〟に俳句表現の源があると気付かされた。雪月花以前、いまだ混沌たる季節感、それは朧げで、五七五のリズムと結ぶかどうかさえも判然としない。けれどわが花綵《かさい》列島の人びとが大事にしてきた歓びのリズムを掬い上げたい。日本人の美をさぐりあてる。その探求であっ

た」と述べた。

金子さんの長男の真土《まつち》さんは、「（最近の）勇ましい発言を背景にした反知性主義の横行を、父は非常に危惧していた。知性を大事にして人間をコントロールする父の生き方を、自分も踏襲していきたい」とあいさつした。

「デモ屋」と呼ばれた数学者

福富節男

「安倍内閣は退陣せよ」と叫ぶ市民たちによって国会議事堂周辺で行われたデモが盛り上がった2018年4月14日午後、国会議事堂からそう遠くない東京・文京区民センターで、前年12月18日に98歳で亡くなった、数学者の福富節男（ふくとみ・せつお）さんとお別れする会があった。1960年代から2000年代にかけて多くの反戦市民運動や反権力運動に参加し、常にデモの先頭に立っていたことから「デモ屋」との異名を奉られた福富さんにふさわしい追悼の集いだった。

「ベト数懇」の結成

福富さんは戦時下の1924年に東京帝国大学数学科を卒業した数学者だった。専攻は位相幾何学。戦後、日本大学教授となるが、大学の運営をめぐって大学当局と対立し、1962年、同大学を追われる。翌63年に東京農工大学助教授となり、同教授を経て83年に退官する。

この間、福富さんが反戦市民運動に登場してくるのは、1965年のことである。

この年、世界の焦点となっていたベトナム戦争が一気にエスカレーションする。2月7日に米軍機が北ベトナムのドンホイ基地を爆撃したからである。「北爆」の開始であった。これを機に、世界各地で米国のベトナム政策に抗議する反戦運動が燃えさかる。

日本では、4月24日、作家の小田実、開高健、哲学者の鶴見俊輔らの呼びかけで、ベトナムの平和を要求する人たち約1500人が東京都千代田区の清水谷公園から東京駅までデモ行進し、その後、集会を開いて「ベトナムに平和を!・市民連合（ベ平連）」を発足させた。日本における本格的な反戦市民運動の誕生であった。

ベ平連は、その後、月1回の定例デモのほか、アメリカのニューヨーク・タイムズ紙に反戦広告を出したり、徹夜ティーチ・インを開催したり、アメリカの著名な平和運動家を招いて日米市民会議を催したり、横須賀に寄港した米空母イントレピッドの水兵4人の脱走に手をかす、といった多様でユニークな運動を展開する。

同じころ、「ベトナム問題に関する数学者懇談会（ベト数懇）」が結成される。福富さんや東京大学、九州大学などの数学者がメンバーだった。当時のメンバーによると、フランスの数学者、L・シュワルツがこの年4月に来日し、日本の数学者と懇談。その席で、シュワルツは、米国の数学者のS・スメールが反戦運動を行ったことからカリフォルニア大学バークレイ校の職を追われそうなので、日本でも彼の救援活動を進めてほしいと要請、これを受けて日本でも救援の署名運動を行うことになり、ベト数懇が結成されたという。

5月22日、福富さんは清水谷公園に出かけていった。この日はべ平連の第2回定例デモの日で、清水谷公園はその集合地だった。そこに集まってくる人たちにスメール救援を訴えるためだった。福富さんがべ平連の集会・デモに加わったのはこれが初めてで、以後、福富さんはべ平連の活動にのめりこんでゆく。

当時新聞社の社会部記者だった私は、1966年から大衆運動の担当になった。べ平連も取材対象になったので、べ平連のデモがあれば出かけて行った。

ベトナム戦争が1973年に終息したのにともない、べ平連は翌74年1月に解散するが、結成から解散までの間、数え切れないほどのデモをした。1970年は日米安保条約が固定期限（10年）切れを迎える年であったから、条約の自動延長に反対する運動が労組や平和団体によって展開された。べ平連は「インドシナ反戦と反安保」を掲げて6月から7月にかけ、35日間に及ぶ「毎日デモ」を繰り広げた。

観客民主主義を止めよう

べ平連デモの現場に行くと、いつも必ず福富さんの姿をみかけた。べ平連のデモには常連が多かったが、福富さんのデモ参加回数を上回る人は思いあたらない。

福富さんといっしょに活動した武藤一羊さん（社会運動家）は、「お別れする会」でこう語った。「デモをやるときは、警視庁と交渉してコースを決めなくてはならない。福富さんはその交渉役だったが、いつも徹底的に粘った。デモにとってできるだけ効果のある道路を確保しようとしていたんですね。警察側もたじたじだった。それに、デモをやっていても、とっさの判断が見事で、しかも、それを直ちに行動に移す人でしたね」

他団体との共同行動にも熱心だった。

なぜ、これほどまでに反戦デモに没入したのか。おそらく、若いころの戦争体験が、福富さんを反戦運動に駆り立てていたのではないか、というのが私の推測だ。

1919年にサハリン（旧樺太）に生まれる。父は薬屋のかたわら製氷業をしていた。東京の旧制高校を経て1942年10月に東京帝国大学数学科を卒業するが、卒業予定は43年春。太平洋戦争の戦況が緊迫してきたため半年も繰り上げ卒業となったのだった。

卒業と同時に徴兵され、樺太の砲兵隊に配属される。その後、陸軍中央特殊情報部で暗号解読の教育を受け、44年11月にフィリピンに派遣される。まもなく戦況の悪化で45年1月、マニラを脱出し、敗戦は東京で迎えた。

一番多感な時期に戦争に翻弄されたと言ってよかった。そうした体験が、福富さんの行動の奥に「戦争にはなんとしても反対しなくては」との決意を刻みつけていったのではないか。

それから、デモというものについて福富さんが抱いていた考え方も大きく影響したのではないか、と私は思う。

福田さんは、デモは人と人とを結びつけるコミュニケーションの手段として極めて有効、という考え方をもっていたようだ。つまり、自分の考えていることを不特定の多数の人びとに知らせ、理解してもらうためには、道路を歩きながら、言葉なりプラカードなりで自分の意見を周りの人びとに伝えるのが有効だと思っていたようだ。デモの効用を信じていたのだ。

福富さん唯一の著書である『デモと自由と好奇心と』（第三書館刊、１９９１年）には、こんな一節がある。

「政治的意見であれ、社会的要求であれ自由にそれらを表現する権利が人びとにはある。誰もこの権利を使うことを力で押しとどめてはならない。なにかを広くうったえたいとき活字や映像のメディアを利用できる立場のひとは国民全体からみればたいへん少数だ」

「デモは誰にでもできる。デモによる表現は文章表現より粗く、詳しさ、精密さ、豊かさでは劣る。しかし誰でもが意見の表明に参加し、協力できるところに特色がある」

「デモは不特定の人びとが見ている。屋内の集会では主題に関心があって入場した人びととむきあうのだが、デモはそうでない人びととも接することができる」

福富さんといっしょに活動した人の１人は、追悼文の中で「福富さんは左翼の演説やシュプレヒコールの言葉では市民に伝わらないとよく批判し、街頭に出て自らの宣伝術をみがいていた」と述べている。

「観客民主主義を止めなくては」という思いが福富さんに強かったことも影響していたように私は思う。権力の側は国民を「観客席」に押し込め、国民を管理・支配しようとする。だから、真の民主主義を実現するためには、私たちは「観客」とさせられることから抜け出さなければならぬ。さあ、集会に出よう、デモをしよう。そう考えていたのだろう。

カレーライスをつくるのが趣味だった。ある時、私の自宅にも送られてきた。

福富さんに最後に会ったのは、２０１１年10月29日に開かれた「吉川勇一さん・武藤一羊さんの80＋80＝１６０歳を祝う会」でだった。吉川さんは元べ平連事務局長。祝杯の音頭をとったのが福富さんだった。この時の会場が文京区民センターだった。

「福富節男さんお別れ会」の会場に展示されていた遺影

私は、戦後の反戦市民運動は３人のヒーロー・ヒロインを生んだと考えている。

まず、１９６０年の日米安保条約改定阻止運動で、たった２人で「誰デモ入れる声なき声の会　皆さんおはいりください」という横幕を掲げて安保反対デモを始め、反戦市民グループ「声なき声の会」を創設した画家の小林トミさん。次は、ベトナム戦争中、「アメリカはベトナムから手をひけ」と書いたゼッケンを胸につけ８年余にわたり毎日、自宅から勤務先まで通勤した日本機関紙協会役員の金子徳好さん。そして、福富節男さんである。

小林、金子さんはすでに故人。福富さんも亡くなったことで、３人の足跡はいまや歴史となった。

［リベラル21・２０１８年５月16日］

中国人・朝鮮人の強制連行解明に挑む

野添憲治

戦時下の中国人・朝鮮人強制連行問題を追及してきたノンフィクション作家の野添憲治（のぞえ・けんじ）さん＝秋田県能代市＝が、２０１８年４月８日に膵臓がんで亡くなった。83歳。同じく九州で朝鮮人強制連行問題を追及してきた記録作家、林えいだいさん（福岡県田川市）も昨年９月に83歳で亡くなっており、私たちは、強制連行問題に関する先達２人を相次いで失ったことになる。まことに残念である。

「花岡事件」を知る

野添さんは、秋田県藤琴村（現・藤里町）の生まれ。新制中学を卒業後、山林や土木に関する出稼ぎや国有林の作業員をした後、能代市に移住。大館職業訓練所を修了後、木材業界紙記者、秋田放送ラジオキャスターなどを経て、著述活動に入った。

最初は、出稼ぎ少年伐採夫や開拓農民らを取材し、その記録を刊行していたが、取材の対象は次第に、戦争中に日本に連行され、労働させせられた中国人や朝鮮人の問題に移ってゆく。それは、国民学校（小学校）での経験が忘れられないからだった。

太平洋戦争が始まった1941年に国民学校に入学したが、5年生の夏のことだ。先生に引率されて村役場へ行った。そこには若い中国人の男性2人が座らせられていた。身体は泥まみれ。野添さんは、仲間と一緒に彼らの顔に砂を投げつけた。その顔はみるみる砂まみれになった。

それから20年後、野添さんは、彼らが「花岡事件」の中国人労働者であったことを知る。花岡事件とは、大辞林によれば、太平洋戦争下の1945年6月、秋田県大館市の花岡鉱山鹿島組出張所で強制的に働かされていた数百人の中国人が虐待・酷使に抗して集団逃亡を図った事件だ。連れ戻されたが、拷問で113人が死亡したとされる。野添さんらが砂を投げた2人の中国人は、鉱山から山を越えて逃げてきた労働者だったのだ。

「まことに申し訳ないことをした」という贖罪の気持ちが、野添さんを中国人や朝鮮人の強制連行の実態調査に向かわせる。

取材は難航を極めた。敗戦からかなりの時間がたっていたから、当時のことを語れる関係者（朝鮮人・日本人）は少なく、また、中国人や朝鮮人がいた労働現場の多くはすでに廃墟になっていたからだ。

それればかりでない。関係者に口を開かせるのは簡単ではなかった。日本人には「加害の歴史」を隠したがる人が多かったからだ。取材中、警官や企業の関係者につきまとわれたこともあった。そのう

日本青年団協議会主催の全国青年問題研究集会で助言者を務めた野添憲治さん（前列中央）。1994年3月、日本青年館で

え、世間では「朝鮮人の強制連行なんてなかった」と主張する人も出始めていた。

それでも、野添さんはついに、戦時下の労働力不足を補うために日本が中国人と朝鮮人に対して行った強制連行と強制労働の実態を明らかにした作品を完成させる。『シリーズ　花岡事件の人たち　中国人強制連行の記録』第1集〜第4集（社会評論社、２００７〜２００８年）、『企業の戦争責任―中国人強制連行の現場から―』（同、２００９年）、『遺骨は叫ぶ―朝鮮人強制労働の現場を歩く―』（同、２０１０年）である。

これらは、野添さんが9年の歳月をかけてまとめた「現場からの報告」であった。野添さんが訪れたのは、中国人が働いていた事業所が１３５カ所、朝鮮人が働いていた事業所が37カ所にのぼった。こうした著作により、多数の中国人や朝鮮人が強制的に日本に連行され、鉱山、炭鉱、トンネル工事、ダム工事、発電所工事などで働かされていた事実が具体的に明らかにされた。

生涯を賭けた強制連行の実態調査

「平和」と「協同」に関する報道に寄与したジャーナリストを顕彰する活動をつづける平和・協同ジャーナリスト基金は、こうした著作を高く評価し、2010年に第16回平和・協同ジャーナリスト基金賞奨励賞を野添さんに贈った。が、贈呈式の日は、秋田県内で強制労働を経験した人を韓国で取材中で参列できず、妻の征子さんが代理で出席した。

式場で征子さんは野添さんの受賞あいさつを代読したが、そこには、こうあった。

「27歳から中国人強制連行や朝鮮人強制連行の取材をやってきましたが、初めてお褒めの言葉を、公の場でいただきました。お礼をいたします。この機会に、強制連行のことが1人でも多くの人に知ってもらえたら、うれしいです」

また、地元記者のインタビューには「過去を知らなければ、現在も未来も創造できない。私にとって証言者は宝です」と答えている。

その後も、いくつかの著作を発表したが、中でも注目されるのは、野添さんが編著者となって刊行された『秋田県の朝鮮人強制連行―52カ所の現場・写真・地図―』（秋田県朝鮮人強制連行真相調査団刊）だろう。

秋田県朝鮮人強制連行真相調査団は、同県に連れてこられ、働かせられた朝鮮人の実態を明らかにするために1995年に発足した民間団体で、その代表委員・事務局長が野添さんだった。その調査団が20年かけて追跡した実態をまとめたのが本書で、朝鮮人が労働していた事業所が秋田県内に77カ所あったこと、そこに約1万4000人いたことが明らかにされている。

調査団は調査と併せて、県内の事業所で労働中に亡くなった朝鮮人を慰霊する活動も続けてきた。

事業所跡に慰霊碑を建てたり、そこで慰霊式を催すといった活動だ。
その会報「秋田県朝鮮人強制連行真相調査団会報」が私のところにも送られてきていたが、２０１６年２月20日発行の第85号を最後に途絶えていた。「休刊になったのかな」と思っていたが、野添さんの訃報に「おそらく、闘病のために発行できなかったのだろう」と思った。

面と向かって直接会話を交わしたことはないが、日本青年団協議会が主催する全国青年問題研究集会の分科会の助言者席で同席したことが何回かある。その時は、木訥《ぼくとつ》で、地に足がついた感じの重厚な人という印象だった。その度に、私は「この人は、徹底的に現場にこだわる類い希なルポライターなんだ」と尊敬の念を抱いたものだ。

［リベラル21・２０１８年４月20日］

戦後平和運動の最大のヒーロー

吉田嘉清

戦後平和運動の最大のヒーローが逝った。平和運動家の吉田嘉清（よしだ・よしきよ）さん。2018年3月21日、東京都杉並区の自宅で心不全で死去、92歳だった。ひたすら原水爆禁止運動の発展とその統一のために力を注いだ一生だった。

「原水協の顔」

1926年に熊本県で生まれた。戦時下の44年、早稲田大学高等師範部に入学、そこから法学部へ進んだ。

敗戦とともに日本に進駐してきたGHQ（連合国軍総司令部）が矢継ぎ早に日本政府に民主化政策の履行を指令したことから、各分野で民主化が進む。早大でも、学園復興、学生の自主権確立、授業料値上げ反対などを掲げた運動が学生たちによって繰り広げられ、学生自治会の結成も進んだ。そんな中で、吉田さんは早大自治会委員長に選任される。全日本学生自治会総連合（全学連）の創立にもかかわった。

ところが、1950年6月に朝鮮戦争が勃発、GHQからの指令で政府がレッドパージ（共産主義者とその同調者の公職または民間企業からの追放）を始めると、早大でもレッドパージ反対闘争が起こる。10月17日、反対闘争を理由とした学生の処分に反対する学生たちが、大学本部で開会中だった学部長会議に乱入、これを阻止しようとした警官隊との衝突で吉田さんら143人が建造物侵入容疑で逮捕された。吉田さんはそのリーダーとされ、東京地裁で懲役6月・執行猶予3年の判決を受け、退学処分となった。日本学生運動史上、「第1次早大事件」と呼ばれる事件である。

後年、吉田さんは当時のことを振り返り、こう語ったことがある。「あの戦争中、厳しい弾圧にもめげず戦争に反対した学生がいたことを知った。各分野でレッドパージが進行するのを見て、学園だけはそれを許してはならない、日本を再び戦前に回帰させてはいけない、と思った」

私が早大に入学したのは1954年だから、大学構内で吉田さんの姿を見かけることはなかった。が、学生運動指導者としての吉田さんの令名は学内に鳴り響いていた。とりわけ、第1次早大事件で学生たちが大学本部に突入した際、吉田委員長が本部のバルコニーから学生たちに向けて行った演説が名演説であったと学生間で語り継がれていて、「吉田カセイ」は伝説上の人物となっていた。

その時は、そんな伝説上の人物に会う機会があるとは思ってもみなかったが、私は仕事を通じてこの伝説上の人物に出会うことになる。

早大を出た私は全国紙の記者となり、1966年から、社会部記者として民主団体担当になった。

取材の対象は平和団体、労働組合、学生団体、青年団体、婦人団体、国際友好団体などだった。

当時、平和団体の代表的なものといえば、原水爆禁止関係の3団体であった。原水爆禁止日本協議会（原水協、共産党系）、原水爆禁止日本国民会議（原水禁、社会党・総評系）、核兵器禁止平和建設国民会議（核禁会議、自民・民社・同盟系）であった。取材で原水協を訪ねると、事務局長が吉田さんだった。

原水爆禁止運動発祥の地、東京都杉並区の公民館で。左端が吉田嘉清さん。その右が原水協の久保文さん、その右が原水協初代理事長を務めた安井郁氏の妻・田鶴子さん（1989年2月22日）

原水爆禁止を目指すこれらの団体が出現したきっかけは、1954年に起きたビキニ被災事件である。太平洋のビキニ環礁で行われた米国の水爆実験で、静岡県のまぐろ漁船・第五福竜丸の乗組員23人が放射性降下物の「死の灰」を浴び、無線長の久保山愛吉さんが急性放射能症で死亡した事件だ。

この事件は全世界に衝撃を与え、日本では東京都杉並区で自然発生的に主婦たちによる原水爆禁止署名が始まり、またたく間に全国に波及、署名は3200万筆を超える。こうした国民的な盛り上がりを背景に1955年夏、広島で第1回原水爆禁止世界大会が開かれ、これを機に広範な団体が参加する原水協が結成される。

が、61年、原水協に対抗して自民・民社・同盟系の人たちが核禁会議を結成。さらに、63年には、運動論をめぐる意見の対立から、社会党・総評系が原水協を脱退して原水禁を結成し、原水禁運動は3つの潮流に分かれてしまう。

原水協に残留した吉田さんは事務局長に就任。大会などにおける、その巧みな演説ぶりから「原水協の顔」と言われるようになり、その気さくな人柄から「カセイさん」と呼ばれた。

運動統一のために奔走

63年以降の運動では、原水協と原水禁の間で対立・抗争が続くが、評論家・吉野源三郎、英文学者・中野好夫らの呼びかけにより77年に協、禁に青年団、婦人団体、生協などの市民団体を加えた運動の統一が実現、世界大会も統一して開くようになる。吉田さんは協、禁、市民の3組織共闘の推進に力を注ぐ。

運動の統一は国民に歓迎され、運動は空前の高揚を迎える。1982年にニューヨークの国連本部で開かれた第2回国連軍縮特別総会に向けて3組織が共同して展開した「核兵器完全禁止と軍縮を要請する署名」は2886万筆を超す。そして、3組織は合わせて1200人を超すNGO代表団を軍縮特別総会へ派遣した。この時期、他の労組、宗教団体も同様の署名活動に取り組み、日本から国連に届けられた署名は約8000万筆にのぼった。

吉田さんは3組織の共闘のために尽力するかたわら、ビキニ被災事件の第五福竜丸の保存にも奔走する。

しかし、事態は突如、思わぬ方向に急展開する。原水協に影響力をもつ共産党が、吉田さんを「独断専行があり、そのうえ原水禁・総評に屈服、追随した」と批判、原水協が吉田さんを代表理事から解任したからだ。「組織的統一に応じない原水禁や、安保、自衛隊を容認する社会党、総評と統一行動を行うことは反核運動を変質させるからまかりならん」というわけである。84年のことだ。吉田さんは統一世界大会準備委員会の委員でもあったが、原水協は吉田さんがその準備委員会へ出席することにも反対した。

これに対し、吉田さんは共産党の批判にも、原水協による処分にも従わず、「核兵器をなくすためには、広範な人びとが加わる運動の構築が必要で、それには思想・信条が違っても手を結ぶべきだ」「それに、民衆は運動の分裂など望んでいない。常に統一を求めている」と主張し続けた。共産党は吉田さんを除名。吉田さんを支持した哲学者の古在由重も共産党から除籍処分となったが、このことは学者・文化人の間に波紋をもたらした。

原水禁と市民団体は共産党と原水協のやり方に反発し、ついに86年に3組織共闘が瓦解し、原水禁運動は再び分裂してしまう。以来、その状態がずっと続いている。

数年前から、脱原発運動や安保法制廃止運動では、原水禁を支える旧総評系労組と原水協を支える全労連系労組の共闘が行われるようになったが、原水禁と原水協には共闘の気配はない。

吉田さんは原水協を追われた後、志を同じくする人たちと「草の根平和運動のセンターになりたい」と「平和事務所」を設立し、旧ソ連のチェルノブイリ原発事故で被ばくしたエストニア共和国の人たちの救援運動などを続けた。その功績により、2010年、同国政府から赤十字勲章を授与された。

葬儀・告別式は3月26日、近親者とごく少数の運動関係者、友人が参列して行われた。参列者の1人は「彼は奇人だった」ともらした。確かに、定職につくことなく、一生を大衆運動一筋で生きた吉田さんは、普通の市民の目には〝奇人〟に映ったかもしれない。が、定職につくことがなかった吉田さんが運動一筋に過ごせたのは、陰で吉田さんを支えた人がいたからだ。妻のヒサ子さんである。

出棺の直前、ヒサ子さんは「吉田は桜の開花を見ずに逝きました。しかし、モクレンやスミレの花を見ることができ、静かな臨終でした」とあいさつした。

米国とロシアがまた核軍拡に向かいつつある。北朝鮮の動向も不透明だ。それだけに、新たな原水禁運動の高揚が切に望まれるというものだ。「反核平和のためには広範な人びとが手を結ばなくては」という吉田さんの終生の訴えに今こそ耳を傾ける時ではないか。

［「週刊朝日」２０１８年４月13日増大号掲載の原稿に加筆］

生涯を平和運動に捧げた陸士出の僧侶

佐藤行通

「まるで平和運動の一時代の終了を告げるかのような訃報だ」。私がその訃報に接した時、とっさに脳裏に浮かんできた感慨はそのようなものだった。日本山妙法寺の僧侶で平和運動家だった佐藤行通（さとう・ぎょうつう）さん。2018年3月1日に肺炎により死去、99歳だった。その一生は、ひたすら原水爆禁止運動の発展に捧げられたものだったと言ってよく、とりわけ日本の運動を欧米の平和運動や国連と結びつける上で佐藤さんが果たした大きな役割は長く記憶されてしかるべきだろう。

帝国陸軍の軍人として

とにかく、波瀾万丈の生涯だった。

1918年（大正7年）、秋田県阿仁合町（現北秋田市）に生まれた。教師だった父が兵庫県西宮市の小学校に職を得たため西宮へ。そこで小学校を終え、1931年、大阪府立北野中学（現北野高校）

佐藤行通さん（1995年4月、茨城県太洋村の自宅で）

へ進む。自由主義的な校風で軍人志望は少なかったが、親戚に軍人がいて、「ソ連の膨張に備え、日本は軍備拡張を急ぐべきだ」と吹き込まれ、プロの軍人になろうと決心する。

父や教師の反対を押し切って陸軍士官学校へ進む。そこから、重爆撃機の操縦者を志して陸軍航空士官学校へ。しかし、埼玉県所沢市の上空を練習機で飛行中、エンジンの故障で不時着。ショックで左目の視力をほとんど失った。これでは操縦者になれない。やむなく通信部門へ。卒業後は中国東北部（満洲）で航空通信網の整備にあたった。

帰国後は航空通信の開発・改良に携わり、1945年（昭和20年）8月15日の終戦の詔勅は東京・八王子の第四陸軍航空技術研究所で聞いた。その時、26歳、陸軍少佐だった。

日本の「無条件降伏」には絶対反対だった。「まだ戦力は残っている。死に物狂いで戦えば対等の講和に持ち込める」。上司に面会を求め、「無条件降伏を画策した君側の奸《かん》を除き、天皇に翻意を促すため決起すべきだ」と主張。同じ考えの陸海軍青年将校らの愛国グループ同志と埼玉県豊岡町（現入間市）の陸軍航空士官学校へ乗り込み、決起を呼びかけた。

どこからも願っていたような返事は返ってこなかった。万事休す。「そうだ。降伏文書の調印が行われる敵艦ミズーリ号に特攻機で突っ込もう。そうすれば、終戦はご破算になる」。両親と妻あての遺書を書き残すと、8月22日夜、土砂降りの雨の中をトラックで宇都宮基地へ。重爆特別攻撃隊を出撃させるためだ。が、佐藤さんの説得に隊長は応じなかった。「それなら、おれ1人でゆく」と単独操縦を試みたが、離陸できなかった。

東京に戻ると、同志たちの姿はなかった。宮城（皇居）前に向かったという。彼らがやろうとしていることは察しがついた。「おれも一緒に死のう」。急いで宮城前に駆けつけると、同志ら13人はすでに自決していた。

日本山妙法寺・藤井日達山主との出会い

何も手が着かない虚脱状態が続いた。見かねた愛国グループの指導者が「それなら、出家したら」と、日本山妙法寺の藤井日達山主を紹介してくれた。藤井山主を訪ね、弟子入りする。１９４５年11月のことである。

藤井山主は、宗教学者の山折哲雄氏が「百歳の長寿を全うした人である。その足跡はインドをはじめとして全世界に及び、平和運動と伝道活動に献身した稀にみる国際的な仏教者だった」「敗戦以後、日本の仏教諸教団はこぞって平和主義を宣揚し、そして例外なく平和運動の戦列についた。しかし、そのときから今日にいたるまでの半世紀をふり返るとき、その平和運動の持続性と徹底性において、藤井日達の日本山妙法寺に及ぶものは一つもなかったといっていいだろう」（日本山妙法寺発行の『報恩』。2011年刊）と述べているように、平和運動に生涯を捧げた僧侶だった。

佐藤さんは、その藤井山主の傘下で平和運動に邁進する。原水爆禁止運動、内灘米軍試射場反対闘争、再軍備反対・平和憲法擁護運動、全面講和・中立堅持を要求する運動、日米安保条約改定阻止闘争……。原水禁運動では、東京と広島を結んで行われる平和行進に加わった。

長身でがっしりとした体つき、丸坊主で精悍な顔つき。黄色の僧衣をまとって、「南無妙法蓮華経」と唱え、うちわ太鼓をうち鳴らして行進する佐藤さんの姿は異彩を放ち、人目を引いた。平和運動関係者の間では「ぎょうつうさん」と呼ばれた。

1962年には、広島からアウシュビッツまでの平和行進を敢行する。前年に「ベルリンの壁」が出現。佐藤さんは、こう思い立つ。「このままだと、世界大戦が起きるかもしれない。今こそ、各国の市民が平和を守るために手を結ばなくては。そのことを訴えて歩きたい」。広島とアウシュビッツの街を結ぶことにしたのは、そこで第2次世界大戦における最大の殺戮が行われたためだ。

62年2月、広島を出発。行進には東大大学院生、東大生、上智大ＯＢが加わった。翌年1月、アウシュビッツ収容所跡に到着した。同年8月に広島に帰着。訪れた国は33カ国、旅程は9万キロに及んだ。

行進中、佐藤さんは各国の平和運動家と懇意になった。それが縁となって、世界的に著名な平和運動家が日本を訪れるようになった。フィリップ・ノエルベーカー（英国、ノーベル平和賞受賞者）、ショーン・マクブライド（元アイルランド外相、元国際平和ビューロー〈ＩＰＢ〉会長）、ペギー・ダフ（英国、軍縮と平和のための国際連合書記長）……。これが、日本の原水禁運動が欧米の平和運動や国連と結びつきっかけとなった。それまでの日本の原水禁運動は、社会主義諸国や非同盟諸国の団体とのつながりが強かっただけに、これは画期的な変化であった。

佐藤さんは、ショーン・マクブライドらの推奨でＩＰＢの副会長に就任する。

思ってもみなかった挫折

佐藤さんが国際的な舞台で最も活躍したのは、１９７８年の第１回国連軍縮特別総会と82年の第2回国連軍縮特別総会（開催地はいずれもニューヨークの国連本部）の時だろう。第２回総会の時はニューヨークで、欧米と日本のＮＧＯ（非政府組織）が「百万人の反核デモ」を繰り広げたが、佐藤さんは国際連絡事務所に詰め、各国代表団の受け入れにあたった。

国内でも東奔西走の日々だったが、最も力を注いだものの１つが１９６８年から始まった成田空港反対闘争だ。航空機の離着陸を阻止するために農民や共産党系団体と協力して４０００メートル滑走路敷地内に「平和塔」を建立する。これは空港公団によって撤去されてしまうが、空港建設阻止の運動形態の１つとして話題を呼んだ。

ところが、絶頂期にあった佐藤さんは突然、思ってもみなかった奈落に転落する。１９８３年、師匠の藤井日達山主から、「下山」を言い渡される。「お前はいつまでも軍人気質が抜けない。驕慢《きょうまん》である」「金づかいも荒い」。いわば、破門であった。

追いかけるように、84年には、それまで所属していた原水爆禁止日本協議会の国際部長を解任される。原水協で内紛が起き、代表理事らが解任されるが、佐藤さんがその代表理事を支持したからだった。

これを機に、佐藤さんは茨城県大洋村（現鉾田市）に引きこもった。それ以来、内外の平和運動で佐藤さんの姿を見ることはなかった。

1995年、私は佐藤さんを訪ねた。釈尊像を安置した仏壇の前で、佐藤さんは語った。「蟄居《ちっきょ》して、ざんげの日々です」。再婚した女性の稼ぎと軍人恩給が頼りで、ここから出ることはほとんどない、とのことだった。

それから23年して訃報に接したわけだが、3月1日といえば、「ビキニ・デー」である。1954年の3月1日に太平洋のビキニ環礁で米国の水爆実験が行われ、静岡県のマグロ漁船・第五福竜丸が被ばくし、無線長の久保山愛吉さんが亡くなったことを記念して設けられたのが「ビキニ・デー」で、この事件を忘れまいとして誕生したのが原水禁運動だった。その記念すべき日に死去するとは、平和運動に生涯を賭けた佐藤さんにふさわしい最期のように思えた。

［リベラル21・2018年3月18日］

護憲と核兵器廃絶に奔走した稀代の弁護士

池田眞規

２０１７年７月の国連の会議で核兵器禁止条約が採択されたというニュースに接したとき、私の脳裏に浮かんできたのは、16年11月13日に88歳で亡くなった池田眞規（いけだ・まさのり）・弁護士のことだった。池田さんこそ、全身全霊を込めて平和憲法擁護と核兵器廃絶、被爆者救援に奔走した稀代の弁護士だったからである。「池田さんも、あの世で核兵器禁止条約の採択を喜んでいるに違いない」。そんな思いに私はしばし浸った。

核兵器の廃絶をめざす日本法律家協会（略称・日本反核法律家協会、ＪＡＬＡＮＡ）の機関誌『反核法律家』の最新号である第91号（２０１７年　春号）に、特別企画「池田眞規前会長を偲んで」が掲載されている。同号58ページのうち21ページがこの特別企画。大特集と言ってよい。これをベースに池田さんの生涯を紹介したい。

「自衛隊は憲法9条違反」の信念

池田さんは1928年（昭和3年）に韓国・大邱で生まれ、釜山で育った。敗戦後、日本に引き揚げ、1953年に九州大学法学部を卒業。風早八十二弁護士事務所の事務員となり、1966年に弁護士登録。

弁護士登録とともに、池田さんは百里基地訴訟の弁護団に加わり、やがて、その事務局長になるが、これは、航空自衛隊基地建設をめぐる憲法訴訟だった。1950年代半ば、政府は茨城県小川町（現小美玉市）にあった旧海軍航空隊の跡地を買収し、航空自衛隊の基地を建設しようとした。これに対し、地元の反対派農民が、自衛隊を憲法9条違反として土地買収の無効を主張し、土地所有権をめぐる裁判となった。結局、1989年に最高裁が憲法判断を回避して国の所有権を認める判決を下し、農民側の敗訴となった。

池田さんはそのかたわら、長沼ナイキ基地訴訟の弁護団にも加わる。これも自衛隊の合憲性が問われた訴訟だった。北海道長沼町に航空自衛隊のナイキ地対空ミサイル基地を建設するため政府が1969年に国有保安林の指定を解除、これに対し地元の住民が、「自衛隊は違憲、したがって保安林指定解除は違法」として、処分の取り消しを求めて起こした訴訟だ。一審の札幌地裁は初の違憲判決で処分を取り消したが、二審の札幌高裁は一審判決を破棄。住民側は上告したが、最高裁は1982年、憲法には触れず、原告適格がないとしてこれを棄却した。

百里基地訴訟、長沼ナイキ基地訴訟は、北海道の恵庭事件と並んで自衛隊の憲法違反を問うた裁判であった。池田さんは、憲法第9条がうたう「戦争放棄」「戦力不保持」を実現するためひたすら奔走したわけである。

その延長だろう。1991年に湾岸戦争が勃発し、海部政権が多国籍軍に91億ドルを支出すると、市民有志が「湾岸戦争国費支出違憲訴訟」を起こしたが、この時、池田さんは弁護団の団長格としてこれを支えた。

「世界法廷運動」で尽力

1970年代後半からは、原爆被爆者との交流が始まる。百里基地訴訟の控訴審がきっかけだった。池田さんは、医療関係団体の機関紙上で語っている。「私が被爆者と出会ったのは1977年の百里基地訴訟一審判決がきっかけでした。その判決は『自衛のために防衛措置をとることを憲法は禁止していない』という最悪のものでした。『これは裁判官が〝政府の行為によって再び戦争の惨禍をくりかえさない〟という憲法の立場で9条を解釈していないからだ』と私たちは考えました。そこで控訴審では『戦争の惨禍』を裁判官の頭に叩き込もう、と法廷での証人を被爆者にお願いしたのです。人類初の核兵器に苦しむ、戦争の最大の犠牲者ですから」。その時、証言台に立ったのは、この3月に亡くなった被爆医師・肥田舜太郎さんだった。

被爆者たちは、1970年代初めから、国家補償に基づく被爆者援護法の制定を政府に求め続けた。これに対し、厚生大臣（今の厚生労働大臣）の諮問機関の原爆被爆者対策基本問題懇談会が、1980年に「原爆も戦争被害であるから受忍すべきだ」とする援護法制定の必要性を否定する報告書をまとめた。怒った日本原水爆被害者団体協議会（日本被団協）と市民団体が「核兵器の非人道性を告発する国民法廷」を全国で展開すると、池田さんは他の弁護士と共にこれを全面的に支援した。

その後、池田さんの活動は国際的な団体との連帯を深めてゆく。なかでも、池田さんが大きな役割を果たしたのは「世界法廷運動」だ。

１９９２年のことだ。国際平和ビューロー（ＩＰＢ）、核戦争防止国際医師の会（ＩＰＰＮＷ）、反核国際法律家協会（ＩＡＬＡＮＡ）といった国際ＮＧＯが、世界法廷運動を提唱する。国際司法裁判所（ＩＪＣ、オランダ・ハーグ）に「核兵器の使用は国際法違反」との決定を出させようという運動だった。

日本にその情報をもたらしたのは池田さんだった。なぜなら、池田さんは１９８９年にハーグで開かれたＩＡＬＡＮＡの設立総会に参加していたからである。

この提唱に日本の原水爆禁止関係団体は積極的な反応を示さなかったが、池田さんの呼びかけに応えた日本被団協や日本生活協同組合連合会を中心とする市民団体が、ＩＪＣへの要請署名に取り組み、集めた３１０万筆の署名をＩＪＣに提出した。

１９９６年７月、ＩＪＣは「核兵器の使用・威嚇は一般的には国際法、人道法の原則に反する」とした国連への勧告的意見を発表、核軍縮史上の画期的な出来事として世界的な反響を呼び起こす。今回の国連会議における核兵器禁止条約の採択も、この世界法廷運動の延長線上にあると言ってよい。条約には「ヒバクシャおよび核実験の被害者にもたらされた容認しがたい苦難と損害に留意し」と書き込まれた。

この運動を進める中で、池田さんは日本反核法律家協会（ＪＡＬＡＮＡ）の創設に主導的役割を果たし、１９９４年の協会設立時には事務局長に就任。２００４年から２０１０年まで会長を務めた。

被爆者に寄り添った生涯

晩年における最大の功績は、原爆症認定集団訴訟の弁護団長を務めたことだろう。

被爆者は、原爆による放射線が原因の病気やけがについて全額国の負担で医療の給付が受けられるが、そのためには、病気やけがが原爆の障害作用によるもので、現に治療を要するという厚労相の認定を受けなければならない。しかし、国は２００３年当時、被爆者27万人のうち約２２００人（０・81％）しか原爆症と認定せず、多くの認定申請を却下してきた。このため、２００３年から全国各地で原爆症認定集団訴訟が起こされ、裁判は17の地方裁判所に及んだ。各裁判所は国の認定行政を批判し、原告・被爆者側の「連戦連勝」に終わった。２００９年には、麻生太郎首相・自民党総裁と日本被団協との間で「一審判決を尊重する」などとする、集団訴訟の終結に関する基本方針に係る確認書が調印された。

２０１１年に被爆者の体験記、証言集、被爆者運動の資料などを収集して後世に残そうという「ノーモア・ヒバクシャ記憶遺産を継承する会」が発足すると、池田さんは副会長を引き受けた。

「眞規さんは被爆者にしっかり寄り添っての生涯を全うされた。感謝の気持ちで一杯だ」。前日本被団協事務局長の田中熙巳さんは、『反核法律家』の特別企画「池田眞規前会長を偲んで」に寄せた追悼文でそう書いている。

池田さんは、被爆者との交流を深める中で、原爆被害の悲惨さを知り、被爆者の声に耳を傾けなければならない、何としても核兵器はなくさなければならない、との思いを強めていったのではないか。晩年には、よく「被爆者は神様だ」と話していたという。おそらく、それは「被爆者こそ、人類が核時代を生きるための道標を示す預言者のような存在」という意味だったろうと私は思う。

私の記憶の中の池田さんは、いつも万年青年と思える黒々した髪をしていて、声は弾み、大きな目をしていた。人なつっこく、しかも他人に対し面倒見がよかった。

ただ、その長話、長電話に悩まされた人もいたようで、特別企画でも、2人が長話、長電話をめぐるエピソードを語っている。私が池田さんを取材したのは「世界法廷運動」が始まったころのことだが、その時も、深夜、よく自宅に電話がかかってきた。それは、とうとうと自説を述べ、それへの賛同を求める長電話だった。

特別企画は、池田さんと親交があった反核国際法律家協会関係者からの「お悔やみメッセージ」で締められている。冒頭にあるのは、C・G・ウィーラマントリー判事（スリランカの最高裁判事を務めた後、1991年から2000年まで国際司法裁判所の裁判官を務め、副所長も歴任。2017年1月、死去）からのものだ。

そこには「池田先生は、核兵器が全人類にとっての脅威となって増大していることを、世界の民衆に知らしめる偉大な役割を果たしました」とある。

池田さんは世界的に注目されていた人物だったのだ。

〔リベラル21・２０１７年7月19日〕

〈追記〉池田眞規さんの活動を紹介した池田眞規著作集刊行委員会編『核兵器のない世界を求めて反核・平和を貫いた弁護士池田眞規』が２０１７年11月13日、日本評論社から出版された。

共産陣営では稀に見る清廉さ

フィデル・カストロ

キューバのフィデル・カストロ前国家評議会議長が２０１６年11月25日、死去した。90歳だった。20世紀から21世紀にかけて世界の共産主義・社会主義運動を率いたレーニン、スターリン、毛沢東、ホー・チ・ミン、金日成、チトーらの亡き後、ただ一人残っていた革命家が姿を消した感じで、まさに「巨星墜つ」の感を禁じ得ない。カストロ前議長は実に57年間の長期にわたってキューバに君臨したが、それを可能にしたのは、共産主義・社会主義陣営では稀に見る政治指導者としての清廉さと無私が、キューバ国民に支持されてきたからではないか。

革命キューバの成立

カストロ氏は、１９５３年、26歳で、同志とともにキューバのバチスタ政権打倒の武力闘争を起こす。元キューバ大使の宮本信生氏の著書『カストロ』（中公新書、１９９６年）によれば「米国に隣接し、また砂糖産業の影響をもろに受けたキューバは、二〇世紀中葉、国内的には政治的腐敗、不正義、不平等、対外的には政治的・経済的対米従属・屈辱を特徴とする、『腐った、さらに腐りかけた』社会であった。そして、そこにカストロ・キューバ革命を生む温床があった」という。

この時の武装蜂起は失敗し、カストロ氏も捕らえられて裁判にかけられ、15年の禁固刑を宣告される。が、蜂起した人たちに恩赦を与えるべきだとの世論が高まり、1955年、釈放される。その後、カストロ氏はメキシコに移り、ここで再度の武装闘争の準備を進め、1956年、氏とチェ・ゲバラら同志82人を乗せたヨットがメキシコを出港、キューバの東海岸に着く。ところが、海岸にはバチスタ軍が待ち構えていて、カストロ側は多数の犠牲を出し、残ったカストロ氏らはシェラ・マエストラの山中に逃げ込んだ。

しかし、この山中でゲリラ戦を展開しながらバチスタ軍と戦い、ついに、1959年、バチスタ大統領がドミニカへ脱出、ここにカストロ氏らのキューバ革命が成功する。

革命成功後、カストロ氏は、首相、共産党第一書記、国家評議会議長とその時々で肩書きは変わったが、常にキューバの最高指導者であり続けた。2008年に国家評議会議長を弟のラウル・カストロ氏に譲り、第一線を退いたが、その後も党機関紙にコラム「思索」を執筆し続け、この国の内外政策に影響を持ち続けた。文字通り、「カストロ」はキューバという国家の代名詞だったと言える。

それにしても、カストロ氏が主導した革命キューバは、成立後、まさに危機続きだった。

キューバ政府が革命直後に米国企業を接収すると、米国は1961年にキューバと外交を断絶。これに対抗してキューバが「社会主義」を宣言すると、米国は亡命キューバ人を中心とする傭兵軍をヒロン湾に上陸させた。1962年には、米国とソ連・キューバが対決し「戦争直前」と世界を震撼させたキューバ危機が起こる。この年、米国はキューバに対して全面的な経済封鎖を断行、これは今なお続いている。

米国による経済封鎖によりキューバ経済は大打撃を受け、深刻な経済不振が慢性的に続く。それに追い打ちをかけたのが、キューバの後ろ盾であったソ連の崩壊（1991年）であった。このため、米国に移住・亡命するキューバ人が増えた。

こうしたことから、革命以来、これまで何度も「カストロ政権は崩壊する」との見方が流布されてきた。しかるに、崩壊しなかった。なぜだろうか。

カストロ政権はなぜ崩壊しないのか

宮本信生氏は『カストロ』の中で、「カストロ政権はなぜ崩壊しなかったのか」と問い、次のように述べている。

「カストロのキューバ革命の原点は平等社会と対米自主・独立の達成であった。そして、平等社会についてカストロはいわば疑似ユートピア的平等社会を達成した。国民の間の平等であるのみならず、国民と指導層との間の平等でもあった。従って、キューバには赤い貴族・ノーメンクラトゥーラは存在しなかったし、現在もそうである。カストロ指導部は、ベトナムのホー・チ・ミン指導部を別として、かつて存在したいかなる共産党指導部よりも無私であり、清廉であるといえよう」

「カストロ兄弟が別々に居住している住居は、警護こそ厳重であるが、通常の住宅である。旧ソ連・東欧諸国の指導者の贅沢とは比較すべくもない」

「国民は極度の経済的困難に直面し、大いに不満である。……しかし、ノーメンクラトゥーラが存在しない清廉なこの平等社会においては、旧ソ連・東欧諸国に存在したような、一般国民の党・政府指導部に対する妬みや恨みは存在しない。この事実こそ、経済的危機の中にあって、キューバの政治的・社会的安定が維持された最大の要因であるといえよう。そして、それはいまも変わらない」

フィデル・カストロ

ノーメンクラトゥーラとは、旧ソ連圏で「赤い貴族」と呼ばれた、特権的な生活をする政治家や官僚たちのことである。
また、1996年からキューバ大使を務めた田中三郎氏は、その著の『フィデル・カストロ――世界の無限の悲惨を背負う人』（同時代社、2005年）の中で「フィデル・カストロは、誰よりも無私の心に生きる人である」と述べている。
さらに、「フィデル・カストロ・ルス。老いぼれた、極悪非道の独裁者か、はたまた理想を捨てない不屈の巨人か。いずれにせよ、虚実を自分の目で確かめたい」と、2度、キューバ行きを果たし、ついにカストロ氏との面会に成功した作家の戸井十月氏（故人）はその著『カストロ　銅像なき権力者』（新潮社、2003年）の中でこう書いている。
「カストロは無私である。それは間違いない。カストロは、生きた時間の殆どをキューバのために、キューバ人のために使ってきた。そのためならいつ死んでも構わないという覚悟の中で生きてきた」「キューバにノーメンクラトゥーラは存在しない。だから、多少苦しくとも人々はカストロらを支持する」

カストロ執行部が、深刻な経済不振の中にあっても、国家予算の半分を投じて維持してきた教育と医療の無料化政策も、キューバ国民の大半がカストロ執行部を支持してきた一因だろう。2009年から駐キューバ大使を務めた西林万寿夫氏も大使退任後に著した『したたかな国キューバ』（アーバン・コネクションズ）の中で「多くの人々はキューバの社会主義を信じている。経済がうまく回っていないことは分かっているが、医療や教育が無料というところが大きい」と書いている。

いま一つ、キューバが他の社会主義国と著しく違う点を挙げておこう。

私はこれまで3回この国を訪れたが、いつも印象に残ったことの一つは、この国の街頭にカストロ氏の肖像写真が飾られていないことだった。銅像もない。かつて私が訪れたソ連、中国、北朝鮮では、国中の至るところに最高指導者の肖像写真が飾られ、銅像があった。あまりのはんらんぶりに驚いたことを今でも鮮やかに覚えている。それは、異様な光景だった。

聞くところによれば、カストロ氏は、自分の写真を街頭等に掲げることを禁じていたという。そのことは、この政治指導者の「清廉さと無私」とつながっているように私には思われ、清々しささえ感じた。

カストロ氏が核問題に強い関心を持っていたことも強調しておきたい。カストロ氏は2003年3月に来日したが、その際、外国の要人としては珍しく、広島を訪れ、原爆資料館を見学している。第一線を退いた後、共産党党機関紙に書き続けたコラム「思索」では、米国による広島への原爆投下を「人類史上最大の、最もシニカルな殺人だった」と非難し、核兵器は廃絶されるべきだ、と主張している。

どうなるカストロ後のキューバ

フィデルの死去でキューバはどうなってゆくだろうか。にわかには判定できないが、当面は、ラウル・カストロ執行部がフィデルの精神と政治路線を受け継いで国造りを進めてゆくに違いない。問題は、革命を経験していない若い世代の動向だ。この人たちが、これから先、フィデルの精神と政治路線を継承してゆけるかどうか。キューバ政府の関係者は「若い世代に対しては革命教育をしっかりやってきているから心配ない」と言うが……

それから、2016年4月に開かれたキューバ共産党第7回大会で打ち出した経済改革と、米国との国交回復（キューバと米国との国交が2015年7月20日に54年ぶりに回復）により、国民間の経済格差が広がるのではないか。キューバ革命が目指した「平等」に亀裂が生じた時、国民の団結と社会主義体制が果たして維持できるかどうか。「巨星」の死去で、人口1100万人の国・キューバは難しい局面を迎えるかもしれない。

［リベラル21・2016年11月16日］

〈追記〉断絶していたキューバとの国交回復を決断したのはオバマ政権だが、オバマ政権後に登場したトランプ政権が２０１７年6月、オバマ政権が進めた対キューバ政策の見直しに乗り出し、オバマ政権がおこなった経済制裁の一部緩和も取り消すなどしたため、キューバと米国の関係はまた悪化しつつある。

反戦のスタンディングをして逝ったスポーツ記者

川島幹之

10月15日から2016年の新聞週間が始まった。これに先立つ同月8日、東京・日比谷の日本プレスセンター内の日本記者クラブで、元朝日新聞記者・川島幹之（かわしま・もとゆき）さんを偲ぶ会があった。「日本報道界の拠点」といわれる同プレスセンターで行われる報道関係者を偲ぶ会と言えば、著名なジャーナリストを対象としたケースが大半だから、いわば無名の記者だった川島さんを悼む集いがここで開かれたことは特筆に値する。彼がいかに多くの報道関係者に愛され、慕われていたかを示す集いだったと言っていいだろう。

仲間から愛された新聞記者

川島さんは1945年6月、両親が疎開していた埼玉県加須市で生まれたが、母の父は七代目林家正蔵、弟は初代林家三平。いうなれば川島さんは林家三平の甥である。

立教大学を卒業すると１９６９年に朝日新聞に入社し、甲府、福島、北埼玉の各支局員を経て北海道支社報道部員に。この間、甲府支局時代に結婚。その後、東京本社と西部本社の運動部員、東京本社整理部員、名古屋本社運動部次長、大阪本社運動部次長、東京本社運動部次長、大阪本社運動部長を歴任した。

２００５年に定年を迎えたが、その後もシニアスタッフとして鹿島（茨城県）支局長、横手（秋田県）支局長を務め、２０１２年８月、朝日新聞社を退社した。

これらの社歴からも分かるように、川島さんは専ら運動部記者だった。運動部とはスポーツを取材する部署。つまり、ほぼスポーツ記者一筋だったわけである。現役時代の記事には『スポーツ界列伝』『スポーツ小噺』といったものがある。

仲間同士の宴会では落語を披露することもあった。だからだろう、あだ名は「サンペイさん」だった。

偲ぶ会には、かつての上司、同僚、後輩、それにリタイアしてから参加した市民団体の関係者ら約90人が集まった。特に印象に残ったのは、追悼の言葉を述べたすべての人たちが、口々に川島さんの人柄を讃えたことだった。そればかりではない。会場で配られた『ありがとう川島さん―川島幹之追悼集』に追悼文を寄せた人たちも皆、こぞって彼の人柄をほめていた。

曰く「いつも穏やか」「思慮深く温厚」「明るく、さわやか」「洒脱な人柄」「粋で潔い」「無類の人の良さで、私たちを魅了した」「何ごとにも誠実だった」「正義感あふれる心優しき男だった」「生き様を通して、人間としての優しさと強さを教えて下さった」……

偲ぶ会で、かつての同僚の1人は「川島さんが人の悪口を言うのを聞いたことがない」と話した。大阪本社運動部長時代の部下も、追悼集に「(川島さんは) いつも泰然自若として、大人の風格。……一癖も二癖もあり『俺が、オレが』意識の強い新聞社にあって、貴重なおおらかさを有していた」と書いている。

一般的に言って、新聞記者は他人をほめることが少ない。むしろ、他人に対する論評は痛烈無比だ。そういう世界を生きてきた者からすると、特定の記者に対するこれほどの絶賛は聞いたことがない。こうした賛辞が通りいっぺんのお世辞でないことは、私が保証する。なぜなら、私もまた、これまで彼の人間性に接する機会がたびたびあったからである。

私が初めて川島さんに会ったのは、1974年3月、朝日新聞北埼玉支局(埼玉県熊谷市)でだった。当時、朝日は埼玉県北部で販売部数を増やそうと、それまでの熊谷通信局(1人勤務)を支局に格上げし、支局長と支局員5人の計6人を投入して北埼玉版づくりに当たらせていた。新たな支局員のうち、甲府支局からに赴任してきたのが川島さんで、私は社会部から支局長として赴任した。もっとも、その後、私はまた社会部で、川島さんは運動部でそれぞれ働くようになったから、同じ新聞社内にいても疎遠な間柄になった。

ところが、それから39年後の2013年、私が参加している朝日OBの集まりに川島さんが加わったことから、つきあいが復活。翌14年の3月、私が関わる団体が企画したキューバ・ツアーに誘ったら、「一度行ってみたかった国だから」と即座にツアーに加わり、私たちは一週間、旅を共にした。

しかし、帰国後間もなく、川島さんは肺がんを患い、今年(2016年)5月2日に亡くなった。

70歳だった。だれもが驚いた急逝だった。

「南越スタンディング」

結局、支局での付き合いも、朝日OB会での付き合いも極めて短期間であったわけだが、そこで私が得た川島さんについての印象を言えば、偲ぶ会で同僚や後輩が話したり、追悼集に寄稿している人たちが抱いた印象と同じであった。

それにしても、私にとって最大の驚きは、川島さんが、横手支局長を退任して埼玉県越谷市へ移って以降、脱原発の集会に参加したり、安倍政権による集団的自衛権行使容認の閣議決定や安保関連法案に反対する行動に参加していたことである。

追悼集によると、川島さんが参加していた行動の一つが「南越スタンディング」。市民一人ひとりが「9条壊すな!」「戦争させない」「アベ政治を許さない」などと書かれたプラカードを掲げて週2日、南越谷駅頭に立つ。肺がんが発症してからも、川島さんはスタンディングを止めなかった。

偲ぶ会には、一緒にスタンディングをやっていた市民2人がかけつけ、「リハビリもしているというので、たとえ車いすになっても、いつの日かスタンディングに復帰してくれると思っていました。川島さんの逝去はあまりにも早すぎます。今の政治を立て直すため、まだまだ一緒に行動してほしかった」などと、早世を惜しんだ。

彼は、私とのつきあいの場では政治に関して語ることはなかった。それだけに、こうした彼の一面を知って私は驚いた。そして、何が彼をこうした行動に突き動かしていたのだろうかと考えてきたが、

集団的自衛権容認の閣議決定の撤回を求めてスタンディングをする川島幹之さん（2015年６月、埼玉県越谷市の南越谷駅で）＝遺族提供

追悼集を手にして納得がいった。

秋田県横手市と言えば、今年（２０１６年）８月21日に１０１歳で亡くなった反骨のジャーナリスト、むのたけじさんが在住していたところである。よく知られているように、戦意高揚のための記事を書いた責任を痛感し、敗戦の１９４５年８月15日に朝日新聞社を去り、郷里秋田県の横手市で週刊新聞『たいまつ』を発刊しながら反戦平和を訴え続けた人だ。

追悼集によれば、川島さんは横手支局在任中にたびたび取材でむのさん宅を訪れ、その話に大変感銘を受けたという。よく「とってもかなわないや、すごい人だよ、いくとはっぱをかけられるんだよ」と話していたという。同じ新聞社の先輩、後輩としてウマが合ったのかもしれない。

先輩記者だった武田文男さんが、追悼集に書いている。「（川島さんが入院前に病躯を押して〝戦争法案〟反対デモに加わったのは）百歳を越えて、なお反戦を唱える　むのたけじ先輩へのエールだったのでしょう」

むのさんの影響もあって、川島さんもまた、１人の人間として日本の前途に危機感を募らせていたのではないか。だから、病身にもかかわらず、その危機感を行動に移していたのだろう。そこにまた、私は彼の「誠実な生き方」を見た思いだった。

［リベラル21・２０１６年10月21日］

献身無私のオルガナイザー

進藤狂介

今年（２０１６年）は戦後71年。この間、ひたすら平和運動に携わってきた人の訃報が相次ぐ。先日も平和運動家・進藤狂介（しんどう・きょうすけ）さんが病没したのを知り、「これでまた１人、平和運動を裏方として支えてきた活動家がいなくなったか」と、惜別の情を覚えた。５月29日に死去、82歳だった。

「狂介」とはまた奇怪な名前だが、山口県出身の明治の陸軍軍人・政治家、山縣有朋の幼名が狂介であった。進藤さんも山口県出身だったから、山縣有朋にあやかって「狂介」を名乗ったのだろうか。

「被爆問題国際シンポジウム」の成功

進藤さんに出会ったのは１９６６年である。私は当時、全国紙の社会部記者で、この年から民主団体担当になった。「民主団体」なんて今では死語だが、当時は革新系の大衆団体のことをそういった。

「革新系」というのも今や死語と言っていいが、当時は社会党（社民党の前身）、共産党、総評（労働組合の全国組織。すでに解散）などをひっくるめて「革新陣営」あるいは「革新勢力」と呼んだ。そして、その影響下にある大衆団体を「民主団体」と呼んだのだった。

私が取材で足を運ぶことになった民主団体は、具体的には平和運動団体、労働団体、学生団体、女性団体、国際友好団体などだったが、その中に、原水爆禁止関係団体があった。それは、3つあった。原水爆禁止日本協議会（原水協、共産党系）、原水爆禁止日本国民会議（原水禁、社会党・総評系）、核兵器禁止平和建設国民会議（核禁会議、民社・同盟系＝どちらもすでに解散）だ。

このうち、東京・港区御成門にあった原水協本部にいたのが進藤さんだった。当時、進藤さんはその専従事務局員で組織部に属していた。原水協の取材でお世話になった人の1人が進藤さんだったわけだが、ここで進藤さんと一緒に仕事をしていた同僚によると、進藤さんは山口県出身で、ここに来るまで山口県原水協の事務局員だった。抜群の事務能力を買われて原水協本部にスカウトされたのだという。

組織部での仕事は、原水協が主催する原水爆禁止世界大会の準備とか、核兵器問題や軍縮問題の資料集づくりとか、会議の議事録づくりとかいうものだったようだ。進藤さんと一緒だった元事務局員の1人は「原水協時代の彼の功績は、何といっても被爆問題国際シンポジウムの成功に寄与したことだろう」と語る。

被爆問題国際シンポジウムとは、正式の名称を「被爆の実相とその後遺・被爆者の実情に関する国際シンポジウム」といい、国際準備委員会と日本準備委員会の共催で1977年7月21日から8月9

日まで、東京、広島、長崎を結んで行われた。これには、海外から22カ国69人の専門家が参加し、日本側からも学者・研究者らが多数参加した。シンポジウムは、広島・長崎の被爆者を対象に調査を行い、その結果を医学的、社会的、文化的な見地から検討し、原爆が人間と社会もたらした影響を明らかにした。被爆の実相と被爆者の実情が総合的な見地から国際的に明らかにされたのは初めてだった。

いわば、日本にとっても世界にとっても画期的なイベントとなったわけだが、このシンポには、当時、対立・抗争していた原水協・原水禁の両組織も全面的に協力し、両組織に距離を置いていた市民団体も協力した。このことが1つの契機となって、この年、原水協、原水禁、市民団体が統一して世界大会を開くなど、3つのブロックの共闘が実現する。

このシンポで、進藤さんは日本準備委員会の事務局員を務めた。シンポの後に刊行された報告書の中で、日本準備委員会事務局長を務めた川﨑昭一郎氏（当時、千葉大学教授。現公益財団法人第五福竜丸平和協会代表理事）は「日本準備委員会の事務局を支えてくださった多くの方がたのなかで、とくに進藤狂介……の各氏にたいし、心から謝意を表したい」と述べている。

吉田嘉清さんと共に

そんな進藤さんにとって、1984年、思いがけない転機が訪れる。この年、共産党が、原水禁、市民団体との共闘を推進してきた原水協執行部に「原水禁・総評と共闘してはならない」との方針を示し、これに従わなかった吉田嘉清・代表理事を、共産党の意向を体した原水協の全国理事会が解任したからである。原水協事務局の何人かは「共産党のやり方は納得できない」として吉田氏と行動を共にした。進藤さんも原水協を離れた。

吉田氏らが、新たな活動の場として「平和事務所」を立ち上げると、進藤さんもこれに加わった。平和事務所が開催した「草の根平和のつどい」で、よく進藤さんを見かけた。

また、吉田氏らが、旧ソ連のチェルノブイリ原発事故で被ばくしたバルト3国の国民を支援するための「エストニア・チェルノブイリ・ヒバクシャ基金」を創設すると、そのメンバーになった。バルト3国の被ばく者代表が来日すると、彼らを長崎に案内したりした。

そのころの進藤さんの活動でとくに印象に残っているのは、神奈川県の生活クラブ生協の組合員グループを〝引率して〟8月6日を中心に「広島行動」をやっていたことだ。進藤さんとともに広島を訪れた女性組合員たちが、原爆関係の遺跡を見学したり、平和集会に参加して討議に熱心に耳を傾けていた光景を思い出す。１９９０年前後のことである。組合員たちが広島へ行く前には事前学習会があった。それをアレンジしたのは、もちろん進藤さんである。

15年ぐらい前だったろうか。進藤さんは郷里の山口市へ帰った。がんを患ったため、その治療のためだったようだ。しかしながら、私はその後もほとんど毎年夏に、広島か長崎で進藤さんに出会ったものである。彼が8月6日には広島の、8月9日には長崎の反核平和集会に姿をみせていたからだ。その時の進藤さんは元気で、とても病身とは思えなかった。そのころは、「軍縮問題研究者」とか「被爆問題研究者」と名乗っていた。

ただ、昨年（２０１５年）、歩行中に倒れ、以来、外出もままならない日々だったようだ。

「勉強家だった」「軍事問題や軍縮問題にくわしかった。文章も書けた」「いつも裏方に徹していた」「人と人を結びつけるのが得意で、根回しに長けていた」「とくに若い人を組織するのがうまかった」「献身無私の人」「けんかをすることもあったが、心がきれいな人だった」……進藤さんと一緒に仕事をした人たち、進藤さんと付き合いがあった人たちの進藤評である。

平和運動家のほとんどがそうであったように、進藤さんもまた、その生活を支えたのは奥さんだった。進藤さんの奥さんが言った。「脇目も振らず平和運動一筋に生きた一生でした」。

なんでそんなに平和運動に熱心だったのか。その理由を聞く機会はついになかったが、幼いころ、戦争を体験したからだろうか。残念ながら、今となっては分からない。遺体は、遺言により山口大学医学部に献体された。死してもなお世のため他人のために役立ちたい。いかにも進藤さんらしい最期と思った。

［リベラル21・2016年9月30日］

第五福竜丸被災のビキニ事件の証人

見崎吉男

20世紀に起きた世界的大事件の一つ、ビキニ被災事件の証人である見崎吉男（みさき・よしお）さん＝静岡県焼津市＝が肺炎で2016年3月17日に亡くなった。90歳だった。米国の水爆実験に巻き込まれるという波瀾万丈の一生だったが、それでも現実から逃避せずに、反核平和を訴え続けた生涯だった。

「死の灰」を浴びて

ビキニ被災事件とは、1954年3月1日未明、米国政府が太平洋のマーシャル諸島ビキニ環礁で行った水爆実験「ブラボー」で、実験地から東北東150キロ、航行禁止区域から35キロの洋上で操業中だった静岡県焼津港所属のまぐろ漁船・第五福竜丸（140トン）の乗組員23人と周辺の島々の住民243人（うち胎内4人）が、放射性降下物の「死の灰」を浴びた事件。水爆の爆発力は広島型原爆の1000倍以上とされ、それまでで最大規模の核実験だった。

福竜丸の乗組員23人は、おう吐、倦怠感、頭痛、食欲不振、下痢、頭髪がぬけるなどの症状に襲われ、帰国後、急性放射能症と診断された。6カ月後、無線長の久保山愛吉さんが死亡、水爆による世界最初の犠牲となった。他の乗組員も1年2カ月の入院を余儀なくされた。米国政府が日本の漁業関係者に200万ドル（7億2000万円）の慰謝料を払うことで決着をみたが、事件は内外に衝撃を与え、日本では、国民的な原水爆禁止運動が起こるきっかけとなった。

見崎さんはこの時、28歳、福竜丸の漁労長だった。漁労長とは遠洋漁業の総責任者として乗組員を統括し、知識と経験をもとに船を漁場に誘導し、航海と漁獲に責任を負う者のことで、遠洋漁船では船長以上の権限をもつ。いわば、漁船のトップである。それだけに、帰港後は、漁協、市役所、海上保安部等への報告や、乗組員を治療・入院させるための病院との折衝に追われ、見崎さんにとっては想像を絶する心労の日々ではなかったかと思われる。

私は全国紙の記者をしていた時に、2度、見崎さんにインタビューしたことがある。最初は1979年2月のことだ。この年がビキニ被災事件から25年にあたり、その特集記事を書くためだった。当時、見崎さんは焼津市小川新町で惣菜店を営んでいたので、その店へうかがった。前掛けをして現れた見崎さんは私を店の奥の居間に通し、インタビューに応じた。

私はたくさんの質問をぶつけたが、見崎さんは終始口が重かった。それに、口を開く時は、しばらく考えた上で、一語一語言葉を選ぶように話した。だから、「この人は、なぜこんなに慎重な語り口なんだろう」と不審に思ったものだ。

見崎さんへの2度目のインタビューは1994年の2月。この年がビキニ被災事件から40年にあたったため、それにちなんだ連載記事を書こうと、再び見崎さんを訪ねたのだった。この時も、見崎さんの口は重かった。15年前ほどではなかったが。

沈黙から積極発言へ

なぜ、見崎さんは寡黙なのだろうか。1回目のインタビューの後、何度も焼津を訪れる機会があり、取材を進めるにつれて、その理由に行き着いた。

一つは、マスメディアに対する不信だ。被災した福竜丸が焼津に帰港すると、報道機関が殺到、スクープ合戦を繰り広げた。中には、漁師を「不作法、礼儀知らずの集団、野蛮人、酒と女を追いかけて傍若無人」などと描くものもあったようなのだ。そうしたことから、見崎さんは報道に「あまりにお粗末な内容で無責任」との印象を抱くようになり、マスメディアには慎重な態度で臨む、ということになったのではないか、と私には思われた。

もう一つは、地元の市民感情。私が取材したところによれば、焼津では長い間「事件について語ることはタブー」といった空気が町を覆っていた。なぜなら、焼津市民にとっては「福竜丸は焼津に災いをもたらした疫病神」だったからである。町の人たちによれば、福竜丸がもたらしたものといえば、大混乱、漁業への壊滅的被害、町を舞台に繰り広げられた原水爆禁止運動の激しい対立・抗争などだった。だから、市民の、福竜丸乗組員への視線も冷たかった。乗組員に米国から慰謝料が支払われたことも、市民の間に反発を呼び起こした。乗組員にとっては肩身の狭い日々が続き、耐え切れずに焼津を去った人も出た。こうした状況下では、見崎さんも無口にならざるをえなかったのではないか、と私は思うようになった。

しかし、見崎さんは2002年ころから、頼まれれば積極的に事件に関する体験を語るようになった。中学、大学、漁業関係団体等々で。これには、1985年から市主催の「第五福竜丸事件・6・30市民集会」が毎年開かれるようになったことも影響しているとみていいのではないか。市総務課によれば、これは、市民が事件に思いをはせ、核兵器廃絶と平和のための努力を誓う集会だそうだ。もはや、事件のことを語ることがタブーでなくなったのだ。

それに、事件以来、世界と日本の動きを凝視し続けてきた見崎さんの中で「事件と航海のほんとの話を残したい」との思いが高まってきたためのようだ。

そんな思いが募って、2006年には市民グループの協力を得て、『千の波　万の波――元第五福竜丸漁労長　見崎吉男のことば――』を自費出版する。講演会での発言や手記を収めたものだ。B5判変形で100ページ。

そこには、2003年5月12日に見崎さんが焼津市立焼津中学校で行った生徒との対話集会の記録も収録されている。生徒の「水爆について訴えたいことは」との質問に対し、見崎さんはこう述べている。

「福竜丸事件は、世間知らずのあわれな漁師の物語ではありません。日本の、世界の問題です。地球上の生物たちと大自然が共存して生きていくための実に大きな意味をもっています。祈りと願いの時代は終わりました。具体的に何をすべきか、何をしなければならないかの時代です。海洋平和国家日本。言葉だけ、心の中を往来している想いだけに終わらせてはいけない。ただの念仏になってしまう」

「軍備する金があれば、平和な世界をつくるために使うことです。そのためには果敢なる行動とど根性がいる。平和の問題は生半可なことでできるものではないんです。戦争よりもはるかに大仕事です。軍備より大変です。戦争に備える方が現実的で説得力があるように思うが大間違いです。この道はいつか通った道だ、この道を選んではいけない。20世紀の涙を流した道へ引きかえしてはいけないのです。日本人こそ戦争のない世界、核兵器のない世界に立ち向かう勇敢さをもっているのです」

憲法に関する一文も収められている。そこには、こうある。

「軍備の増強はどこの国でも常に国民の生活の禍根です。日本の自衛隊の凍結、縮小はごく当たり前のこと。もっと当たり前のことは解体です。日本国憲法には軍事力をもってよいとは書いてない。軍隊はもってはいけないことになっています。だから自衛隊をなくすことは当たり前です。その時の都合でつくってしまったのだから。解体すれば、随分と世の中のためになる。駄目なら半分でも1／3でもよい。その費用を環境と福祉に回す。世界がびっくりするくらい変わる憲法を世界に輸出する。こういう形こそ日本の果たす役割です」

今こそ、見崎さんの警告に耳を傾けたい。

［リベラル21・2016年3月21日］

反核平和を説いた天台宗座主

半田孝淳

誰しも「一度会ったら忘れられない人」がいるはずだ。私にも何人かいるが、その1人の訃報に接した。2015年12月14日に98歳で亡くなった天台宗（総本山・比叡山延暦寺）座主の半田孝淳（はんだ・こうじゅん）さんである。私が半田さんの謦咳《けいがい》に接したのは3回に過ぎないが、その度にその人柄とバイタリティーに富んだ活動に魅せられてしまい、私が最も尊敬する人の1人となっていた。「平和運動に熱心だった高僧」。それが、私の脳裏に焼きついている半田像である。

「寛方・タゴール会」の会長に

私が半田さんに最初にお目にかかったのは、1997年、インドで、である。

この年の3月、「タゴール・寛方記念石碑除幕式参加ツアー」と題するインド訪問旅行があった。タゴールとは、アジア人として初めてノーベル文学賞を受賞した、インドの詩人ラビンドラナート・

タゴール（１８６１年〜１９４１年）、寛方とは、法隆寺金堂壁画の模写に参加した日本画家の荒井寛方（あらい・かんぽう。１８７８年〜１９４５年、栃木県さくら市出身）である。

親日家だったタゴールは5回にわたって来日し、滞在中、寛方と知り合い、親交を深めた。その縁で、寛方はタゴールに招かれ１９１６年から1年半、タゴールの生地であるカルカッタやシャンティニケタンに滞在し、日本画を教えたり、世界的に知られたアジャンターの壁画の模写に携わった。

寛方の次男で記録映画作家だった荒井英郎（故人）の妻、なみ子さん（同）は、タゴールと寛方の友情と2人が果たした日印文化交流史上の功績を広く紹介し、永く伝えるための記念碑を自費で建立することを思い立った。シャンティニケタンにあるタゴール国際大学と交渉し、同大学構内にある日本学院の庭の一角にタゴール・寛方記念石碑が完成、その除幕式が１９９７年3月3日におこなわれた。タゴールと寛方の出会いから81年がたっていた。

「タゴール・寛方記念石碑除幕式参加ツアー」は、そのための旅行団だったのである。総勢27人。団長は平山郁夫・東京芸術大学学長（故人）。私もこのツアーに参加したが、ツアーの中に半田孝淳さんがいた。当時、比叡山別格本山・常楽寺（長野県上田市別所温泉）の住職であった。

半田さんはなぜこのツアーに加わったのか。それは、父で常楽寺の前住職だった半田孝海が寛方と親交があったからだ。2人は俳句を通じて知り合い、交流を深めた。寛方はたびたび常楽寺を訪れるうちに、孝海から寺の縁起を聞き、それを題材に「紅葉狩絵巻」16枚を描き上げる。１９３７年のことだ。院展に出品され、その後、常楽寺に奉納された。そんな因縁から、半田さんはツアーに加わったのだった。

この時、半田さんは79歳。3月といえどもシャンティニケタンは連日猛暑であったが、僧衣をまとった半田さんは除幕式、タゴール国際大学関係者との交流、現地に滞在中の日本人との懇談など盛りだくさんのスケジュールをこなしていった。それを傍から見ていて、なんて精力的な僧侶なんだろうと敬服したものだ。そこには、何ごとにも正面から真摯に向き合うという揺るぎない姿勢があった。

このツアーの後、ツアー参加者を中心に、寛方とタゴールの業績を顕彰、普及するための「寛方・タゴール会」が結成された。半田さんは副会長に就任、2003年には会長になった。

「人殺しはいかん」

インドへのツアーから7年後の2004年、私は再び半田さんにお目にかかる機会を得る。半田さんが、父孝海と寛方の友情を讃える記念碑を常楽寺境内に建立したからである。碑には「仏教を通じ平和を希う」の文字とともに「孝海と仏画で知られる寛方は不殺生を説いた仏陀の教えに従い、共に心から平和な世界を望んでいました。米国で同時多発テロが起き、それをきっかけに米国がイラクで戦争を始め、世界平和が揺らいでいます。今こそ、平和を希求した二人の生涯に改めて注目したい」との建立の趣旨が刻まれていた。

11月7日、除幕式があり、私もそれに参列した。

半田さんとの3回目の出会いは2005年6月26日、再び常楽寺で、であった。荒井なみ子さんが創設した朗読劇団「八月座」が、この日、常楽寺で戦没画学生鎮魂供養のための公演を催したからだった。演目は『無言館の詩』。常楽寺と同じく上田市内にある、戦没画学生を慰霊する美術館の館主、

半田孝淳さん（1997年3月4日、インドのシャンティニケタンで）

窪島誠一郎さんの著作を原作とする朗読劇だった。

　半田さんは、この公演のために寺の本堂を提供しただけでなく、公演に先立って戦没画学生のために読経し、その最後を広島の被爆詩人・峠三吉の詩「ちちをかえせ　ははをかえせ」で締めた。

　公演に先だって、半田さんは八月座にメッセージを送っている。そこには「二度と戦争は起こしちゃいかん、人殺しはいかん」とあった。

　公演の合間の休憩時間に、本堂の一角で友人と休憩していたら、通りかかった半田さんに「よかったらどうぞ」と、本堂わきの応接室へ招かれた。友人と2人でそこに入り、しばし、半田さんと親しく歓談させていただいた。

　その時の印象を一言でいえば、豪放磊落《らいらく》、快活にして陽気、大胆にして細心、といった表現がぴったりの僧だった。絶えず温和な笑みをたたえていた。私はその話に引き込まれ、いっそう尊敬の念を高めた。半田さんはその時、87歳。

　この間、半田さんは1999年に天台宗の、いわばナンバー2とも言える「探題」に就任した。

「比叡山別格本山」とされる寺の住職なんだから「偉いお坊さんには違いない」とは思ってはいたが、天台宗のナンバー2になられたと聞いて驚いた。

２００7年2月には、天台宗トップの第２５６世座主に就任する。延暦寺一山ではない地方の寺の住職としては37年ぶりの天台座主だった。２０１２年４月から2年、全日本仏教会会長も務めた。

生涯を通じて平和運動に取り組んだ宗教者

すでに述べたことでも分かるように、半田さんは早くから平和運動に熱心に取り組んだ。それは、国内にとどまらず、国際的な広がりをもつものだった。ローマ法王の呼びかけで１９８６年から始まった「世界宗教者平和の祈りの集い」には天台宗を代表してたびたび参加。２００５年にフランスで開かれた「世界宗教者平和の祈りの集い」では核兵器廃絶を訴えた。座主に就任した２００7年には、世界18カ国の宗教代表を延暦寺などに招いて「世界宗教者平和の祈りの集い」を開いた。

生涯を通じて平和運動を推進した宗教者は日本では稀である。半田さんはなぜ、平和運動に熱心だったのか。一つには、大正大学卒業後、軍隊を経験したからではないか、それに、父孝海から影響を受けたからではないかと思われる。

孝海は常楽寺住職のほか、長野市の善光寺の副住職、名誉貫主を務めるかたわら、原水爆禁止日本協議会代表理事、原水爆禁止世界大会議長、日中友好協会副会長などを務めた人だった。社会運動家・市川房枝、女性解放運動家・平塚らいてう、政治家・山本宣治、戦後参院議員を務めた高倉テルらとも親交があった。

半田さんは２０１４年３月、聞き書きによる自伝『和願愛語を生きる』を信濃毎日新聞社から出版した。和願愛語《わげんあいご》とは大無量寿経にある言葉で、おだやかな笑顔と思いやりのある話し方で人に接することだという。

半田さんは文字通り、和願愛語を生きた人だった。

［リベラル21・2015年12月19日］

常に運動の現場に身を置いた知識人

鶴見俊輔

鶴見俊輔（つるみ・しゅんすけ）さんが２０１５年７月20日に亡くなった。93歳だった。同氏の死去を報じた24日付の朝日新聞は「リベラルな立場で幅広い批評活動を展開し、戦後の思想・文化界に大きな影響力を持った評論家で哲学者」と位置づけていたが、戦後の思想・文化界の動向に明るくない私には、残念ながら鶴見さんががその世界にどのような業績を遺したのか分からない。訃報に接して私の記憶の底から浮かび上がってきた鶴見さんは、類い希な行動する知識人、それも常に反戦平和運動の現場に身を置いていた実践家であった。

べ平連の結成にかかわる

私が初めて鶴見さんを間近に見たのは１９５７年11月27日だ。場所は早稲田大学のキャンパス。当時、私は同大学の４年生。私が属するサークルが大学祭の「早稲田祭」で催した討論会「大学卒業後の生き方」の講師を依頼したところ快く引き受けられたからだった。

鶴見さんは当時35歳。確か東京工大の助教授か教授であった。討論会での鶴見さんの論旨は実に新鮮にして明快で、さすが新進の評論家の切り口は違うなと納得したものだ。

それから10年後の１９６７年11月13日、私は鶴見さんと〝再会〟することになる。場所は東京・神田一ツ橋の学士会館。この日、「ベトナムに平和を!市民連合」（べ平連）による緊急記者会見がここであり、当時、全国紙の社会部で「民主団体担当」をしていた私は、内外の報道陣の１人としてその会見を取材すべく駆けつけたのだった。

会見に現れたのはべ平連代表で作家の小田実（すでに故人）、べ平連事務局長の吉川勇一（同）、同志社大学教授の鶴見俊輔、評論家の栗原幸夫の４氏だった。

べ平連は、この会見で、ベトナムで作戦中の米軍から脱走した米兵４人をべ平連がかくまっている事実を発表した。それによると、北ベトナム爆撃（北爆）作戦に参加していた米国の航空母艦イントレピッドが10月17日に横須賀に入港し、24日に出港したが、この間に４人の航空兵が同艦から脱走、べ平連に接触してきた。事情を聴くと、４人ともベトナム戦争に反対なので、べ平連として脱走を助けることにしたという。

外国人記者から質問が飛んだ。「当局が４人を引き渡せと言ってきたらどうするのか」。小田が答えた。「日本国憲法の精神に基づいて行動するまでだ」

会見では専ら小田がしゃべったが、鶴見さんも一言、発言した。「小田は、このことに命をかけているんだ」

この発表は内外に衝撃を与えたが、それから9日目の11月21日、世界は再び衝撃を受ける。イントレピッドから脱走した米兵4人が、突如としてソ連のモスクワ・テレビに登場し、「われわれは平和運動をするために中立国へ行く途中で、ソ連の援助を期待してここへ来た」と述べたからである。

こうしたことにより、べ平連の存在が世界と日本でにわかに注目を集めるに至ったわけだが、べ平連の結成には鶴見さんが深く関わっていた。

べ平連が結成されたのは1965年4月24日。米軍機による北爆が始まり、ベトナム戦争が一段とエスカレーションした同年2月7日直後のことである。この日、小田実、鶴見俊輔、作家の開高健の各氏ら38人の呼びかけで、ベトナムの平和を求める人たち約1500人が東京都千代田区の清水谷公園に集まり、デモ行進の後、べ平連を発足させた。

それまでの平和運動は労働組合や政党、平和団体が中心。それにひきかえ、べ平連は個々の市民が主体の運動であった。そのうえ、それまでの平和運動が集会とデモ中心だったのに対し、べ平連は月1回の定例デモを定着させたほか、それまでの平和運動関係者が思いもつかなかったユニークな活動を次々と展開して行った。こうした新しい組織形態と斬新なアイデアに基づく行動が世間の注目を浴び、「市民による新しい平和運動の誕生」と言われるようになった。べ平連はその後、1974年に解散する。ベトナム停戦が実現したからである。

6・15記念集会の常連に

ところで、「市民による新しい平和運動」は、べ平連が最初ではない。1960年の安保闘争（日米安保条約の改定阻止を掲げた、戦後最大といわれる大衆運動）の中で生まれた反戦市民グループ「声なき声の会」が最初だったと言っていいだろう。鶴見さんまた、これにも深く関わっていたのである。

１９５７年に発足した岸信介・自民党内閣は日米安保条約の改定を急ぎ、日米間で調印された条約改定案（新安保条約）の承認案件を60年に国会に提出。社会党（社民党の前身）、総評（労働組合のナショナルセンター）、平和団体などによって結成された安保改定阻止国民会議が「改定で日本が戦争に巻き込まれる危険性が増す」と改定阻止運動を起こす。これに対し、自民党は5月20日、衆院本会議で承認案件を強行採決。これに抗議する大規模なデモが連日、国会周辺を埋めた。

デモの中核は労組員と学生だったが、千葉県柏市の画家、小林トミさん（当時30歳）らが「普通のおばさんも気軽に参加できるデモを」と思い立ち、6月4日、小林さんら2人が「誰デモ入れる声なき声の会　皆さんおはいりください」と書いた横幕を持ち、都心から国会に向けて行進を始めた。沿道にいた市民が次々とデモに加わり、解散時には３００人以上になっていた。小林さんらが提唱したデモはその後も続けられ、参加者は毎回、５００～６００人にのぼり、この人たちによって「声なき声の会」が結成された。会員はやがて５０００人を超す。

6月15日には、全学連主流派の学生たちが国会南門から国会構内に突入して警備の警官隊と衝突、東大生の樺美智子さんが死亡する。抗議の声がとどろく中、新安保条約は6月19日に自然承認となった。

翌年の6月15日、小林さんは国会南門を訪れた。前年、そこは樺さんを悼む人びとで埋まっていたが、1年後は閑散としていた。「日本人はなんと熱しやすく冷めやすいことか」と衝撃を受けた小林

60年安保闘争で亡くなった樺美智子さん追悼のため国会南通用門に集まった「声なき声の会」のメンバー。前列右から4人目が鶴見俊輔さん（2003年6月15日）

さんは「安保条約に反対する運動があったこと、その中で命を落とした樺さんのことを決して忘れまい」と誓い、毎年6月15日には、声なき声の会主催の記念集会「6・15声なき声の会」を東京都内で開き、集会後、集会参加者が国会南門で献花をしようと思い立った。以来、6・15記念集会と献花は毎年続けられ、2003年に小林さんが病死してからも続いている。今年は55回目であった。

「声なき声」のデモを始めた小林さんは、鶴見さんらが戦後まもなく始めた「思想の科学研究会」の会員だった。だから、鶴見さんは「声なき声の会」の会員となった。そして、鶴見さんは小林さんの行動を「日常生活の一部として反戦運動を続けてきた。つまり、普通の人でも反戦運動ができることを実証した」と高く評価し、6・15記念集会への参加も欠かさなかった。集会は東京・池袋で開かれるのが恒例だから、京都からの参加であった。国会南通用門での献花にも必ず加わった。

私は、新聞社退職後の1996年から毎年、この6・15記念集会に参加しているが、ある時、会場でお目にかかった鶴見さんに「べ平連と声なき声の会の関係」をうかがったことがある。その答えはこうだった。

「1965年の春だったと思う。同じ声なき声のメンバーだった政治学者から、京都にいた私のところに電話がかかってきた。アメリカの北ベトナム爆撃に対し無党派の市民として抗議したいが、声なき声の会では小さ過ぎる。大政党の指令を受けないサークルの呼びかけで、ベトナム戦争を支援する日本政府に抗議するデモをやろうというんだ。で、その政治学者と私、それに作家の小田実さんの3人で東京に集まり、べ平連をつくることを話し合ったんです」

ここに出てくる政治学者とは、当時立教大学教授であった高畠通敏（すでに故人）と思われる。それはともかく、べ平連結成の母胎となったのは声なき声の会であったことが確認できたわけで、私は、声なき声の会が果たした役割の大きさを改めて実感した。とともに、鶴見氏が戦後の平和運動で果たしてきた役割の大きさを再認識したものだ。

6・15記念集会の数少ない常連の1人だった鶴見氏も、2008年を最後に集会に姿を見せなくなった。「体調を崩したので」というのが、集会に寄せられた氏からのメッセージだった。そして、自民党が安保関連法案を衆院本会議で強行採決したことに対する抗議の声が国会周辺で日毎に高まる中での死去。「戦争させない」という市民の声は、病床の鶴見氏の耳に届いていただろうか。

これまで6・15記念集会で聴いた鶴見さんのいくたの発言の中で、私が最も印象に残っているのは、次のようなものだ。

「民衆の運動は潮の干満のようなものだ。大きく引いてゆく時もあるが、必ず大きな潮となって満ちてくる。平和運動は今、低調だが、必ず高揚の時がくるよ」

安保関連法案反対運動は、60年安保闘争を超えることができるだろうか。

［リベラル21・2015年7月27日］

生涯平和運動家として生きる

吉川勇一

吉川勇一（よしかわ・ゆういち）さんが慢性心不全で2015年5月28日に亡くなった。84歳だった。戦後平和運動における傑出したリーダーの1人で、まさに「巨星墜つ」の感を禁じ得ない。

「天性のオルガナイザー」

根っからの大衆運動家だった。

満州事変が勃発した1931年に東京で生まれた。旧制浦和高校から東大文学部へ。共産党東大細胞の一員として活動するほか、東大自治会中央委員会議長に就任。1952年4月30日、第2東大事件（同年4月、本富士警察署の巡査が東大農学部内をパトロール中に数人の学生に取り囲まれ、安田講堂内に連れ込まれて警察手帳を奪われたとされる事件）に関係したとして公務執行妨害容疑で逮捕されるが、処分保留のまま釈放。

その後、同年5月14日、学友5人とともに退学処分を受ける。その時、文学部4年生。処分理由は、東大当局の立ち入り禁止通告にもかかわらず、4月28日に東大アーケード前で、東大自治会も加盟する全学連（全日本学生自治会総連合）が「破防法反対集会」を開いたのでその責任を問うというものだった。

その後、平和団体の日本平和委員会の書記局員、常任理事として活動するが、1964年、部分的核実験禁止条約（63年に米国、英国、ソ連の3国によって調印された条約）を支持したことから平和委を追われ、65年には、同条約に反対する共産党から党を除名される。

ここまでの吉川さんはそれほど目立つ存在ではなかったが、1966年から、日本の平和運動の舞台に華々しく登場して一躍〝時の人〟になる。

世界ではこのころ、64年8月に起きたトンキン湾事件をきっかけに、ベトナム戦争が激化の一途をたどりつつあった。65年2月には、米軍機による北ベトナム爆撃（北爆）が始まり、ベトナム反戦運動が世界各地で高揚する。

日本でも、この年4月24日、作家の小田実、開高健、いいだもも（いずれも故人）、評論家の鶴見俊輔の諸氏らの呼びかけで、ベトナムの平和を要求する市民、文化人ら約1500人が東京都千代田区の清水谷公園から東京駅までデモ行進し、その後、集会を開いて「ベトナムに平和を！市民連合」を発足させた。ベ平連の誕生であった。

それまでの日本の平和運動の担い手は、もっぱら、社会党、共産党などの革新政党、総評（日本労働組合総評議会）などの労組、全学連などの学生団体だった。そこに、一般市民と文化人を主体とする、新しい潮流が登場したわけで、それは国民に新鮮な印象を与えた。

それればかりでない。べ平連は次々と新基軸の運動を打ち出した。月1回の定例デモのほか、アメリカの有力新聞紙に反戦広告を出したり、徹夜ティーチ・インを開催したり、アメリカの著名な平和運動家を招いて日米市民会議を催したり……。まだ、ある。ベトナムに派遣された米兵の脱走の日本脱出に手を貸したり、大阪で開かれた日本万国博覧会の向こうをはってハンパク（反戦万博）を開いたり、「軍需産業反対」のスローガンを掲げて三菱重工業に対し一株株主運動を起こしたり……。それまでの平和運動といえば、集会とデモが中心。べ平連が次々と打ち出した新しい試みは、それまでの運動の常識を破ったユニークなもので、俄然、満天下の注目を集めた。

べ平連の発足集会には加わらなかったが、1965年の暮れから、その事務局長を務めたのが吉川さんだった。

当時、べ平連に詳しい者の間では「べ平連は小田実代表のアイデアと吉川事務局長の官僚性でもっている」と言われたものだ。確かに、小田の自由奔放な発想と、吉川さんの卓越した事務能力がべ平連の活動を支えていたとする見方は間違いではないだろう。

しかし、べ平連の極めてユニークが活動が、すべて小田個人の発想によると見るのは当を得ないのではないか。むしろ、小田を含む文化人のほか、べ平連に結集してきた無数の市民たちの創造的な知恵が、べ平連のユニークな活動を生みだしたのではないか、と私は思う。

そう見た場合、さまざまなアイデアや提案をうまくまとめ、プロモートする人物が必要になる。そのような役割を果たす人物として、吉川さんはうってつけの人物だったのではないか。だから、私は

1970年代にある雑誌から吉川さんの人物評を頼まれた時、彼を「天性のオルガナイザー」として紹介した。

事務局長というポストにありながら、吉川さんは一段高いところから他人に号令をかけるというタイプではなかった。むしろ、率先して自ら行動を起こすというタイプだった。つまり、「口舌の徒」でなく、あくまでも実践家であった。

しかも、「運動にとって大切なことは、組織の維持でなく、目的を達成することだ」という信念の持ち主だったから、組織の維持にきゅうきゅうとしなかった。べ平連も、ベトナム停戦が1973年に実現すると、翌74年に解散してしまった。

走り続けた「生涯平和運動家」

べ平連解散後も、吉川さんの活動は続く。吉川さんが関わった運動は、成田空港反対運動、小田、色川大吉（歴史家）両氏らが始めた「日本はこれでいいのか市民連合」（日市連）の運動、有事法制反対運動、湾岸戦争反対運動、自衛隊イラク派遣反対運動など、多岐にわたる。

中でも特筆すべきは、1988年から志を同じくする人びとと始めた「市民意見広告運動」だろう。改憲反対、憲法9条、25条の実現、反原発などを訴える意見広告を新聞に掲載する運動だ。広告掲載にかかる費用は全国の市民から募る。これは現在も続いており、国民の間に護憲意識を定着させる上で大きな役割を果たしてきたと言える。吉川さんはその運動の代表を務めた。

反戦市民グループ「声なき声の会」の例会の常連でもあった。この会は、1960年の日米安保条

吉川勇一さん（当時63歳）の病気回復を祝う会が1994年4月18日に東京都内で開かれた。左は妻・祐子さん

約改定反対運動の最中、「誰デモ入れる声なき声の会　皆さんおはいりください」と書いた横幕を持って東京・虎ノ門から国会に向けて行進を始めた千葉県柏市の画家、小林トミさん（故人）の提唱で生まれた市民グループで、61年以来、「日米安保反対」と、「安保改定反対運動の中で死亡した東大生・樺美智子さんを忘れない」を旗印に、毎年6月15日、東京で記念集会を開いている。吉川さんは、ほとんど毎年、この会に姿をみせた。べ平連はこの「声なき声の会」を母胎に生まれたという経緯があったから、吉川さんとしては、特別の思い入れがあったのかもしれない。

60歳になった１９９１年にぼうこうがんに見舞われた。その後も、胃がん、腸閉塞、脳梗塞を患った。身体障害者手帳の保持者になった。まさに満身創痍。でも、吉川さんは亡くなるまで運動をやめなかった。杖をついて集会に現れた。まさに、休息することなく、倒れるまで走り続けた「生涯平和運動家」と呼ぶにふさわしかった。

平和運動では食えない。活動のかたわら、予備校教員や翻訳で生活費をかせいだ。

私が最後に吉川さんに会ったのは、２０１４年11月29日、新宿区の日本青年館で開かれた、平和運動家・吉田嘉清さんの米寿を祝う会だった。吉川さんは「吉田さんよりは5歳若いんですけれども、今年の1月に倒れて大腿骨を痛め、4カ月以上も入院しました。ヨタヨタ歩くんで、今とてもデモなんてダメなんです」と、笑顔であいさつした。

それから6カ月後に、突然の悲報。いまわの際に吉川さんの脳裏を横切ったのはどんな思いだったのだろうか。おそらく、自分が生涯をかけて守り通そうとした憲法9条の改変が目前に迫っていることへの憂慮だったのではないか。

2014年6月15日に東京・池袋で開かれた「声なき声の会」の集会で、吉川さんはこう発言した。「私たちは、改定された日本国憲法に反対せざるをえなくなるかもしれない。政府や自治体の命令に従わなければ処分されるだろう。でも、自分が正しいと思ったことをやらなければならないとしたら、市民的不服従、非暴力直接行動という道がある」。9条改定後に市民がとるべき行動にまで言及せざるを得なかったほど、吉川さんには、安倍政権が推し進める改憲作業に対する危機感、切迫感が強かったのではないか。

愛妻家であった。妻祐子さんが病死したのは2005年だが、その後も、吉川さんの年賀状は毎年、祐子さんとの連名であった。祐子さんの住所は「天国」。来年は夫妻連名の年賀状が天国から届くのだろうか。

ともあれ、吉川さんが愛する祐子さんのもとでこれまでの活動の疲れを癒やされるよう祈らずにはいられない。

［リベラル21・2015年6月4日］

運動に画期的な足跡を残した長崎市長

本島等

「天皇の戦争責任はあると思います」と市議会で発言して右翼の青年に短銃で撃たれ、重傷を負ったことで知られる本島等（もとしま・ひとし）・元長崎市長が２０１４年10月31日に亡くなった。92歳。その生涯をたどると、反核平和運動での巨星墜つ、との感慨を禁じ得ない。それほど、本島氏が戦後日本の反核平和運動に残した足跡は大きかった。12月13日、長崎市民会館で「故本島等さんを送る会」が開かれる。

「長崎の声を聞いてください」

本島氏は戦後、京都大学工学部土木工学科を卒業、長崎の私立高校教員、長崎県教育委員会職員、自民党代議士の秘書、長崎市立高校教員などを務めた後、１９５９年に県議会議員に初当選し、連続5期務めた。この間、自民党長崎県連幹事長などを歴任。79年に長崎市長に当選し、95年まで4期16

年務めた。

この間、昭和天皇逝去1カ月前の88年12月に「天皇の戦争責任は私はあると思います」と市議会で答弁。90年1月、市庁舎前で右翼の青年に銃撃され、胸部貫通の重傷を負った。

市長在任中の本島氏は、被爆地の市長として、積極的な平和行政を推進し、世界に向けて核兵器廃絶と反戦平和を訴え続けた。

毎年8月9日に長崎市が主催する平和祈念式典で市長が発する「平和宣言」は自ら起草した。それは「日本の皆さん、世界の皆さん、長崎の声を聞いてください」で始まる、「です・ます調」で、8月6日の広島市平和記念式典で広島市長が発する、「である調」の平和宣言よりも庶民的で親しみやすいとの声が強かった。さらに、宣言の内容も、広島市の平和宣言よりも一歩先んじていた感があった。私の記憶では、平和宣言に初めて外国人被爆者への謝罪と援護を盛り込んだのは長崎市だった。1990年のことである。

世界に向けての、本島氏の核兵器廃絶・反戦平和の訴えは、第2回国連軍縮特別総会（1982年、ニューヨーク）、第1回世界平和連帯都市市長会議長崎会議（1985年）、第3回国連軍縮特別総会（1988年、ニューヨーク）、第2回世界平和連帯都市市長会議長崎会議（1989年）、第6回国際非核自治体会議（1992年、横浜市）などの国際舞台で行われた。「人類を絶滅させる核兵器はなんとしても廃絶しなくてはならない」「核兵器は戦争を遂行するためにつくられるのだから、絶対に戦争を起こしてはならない」。その熱っぽい訴えは、参加者の心をゆさぶった。

市長を退任してからも、反核平和運動をやめなかった。こんどは一市民として運動に関わった。

私は、1967年から2007年まで、毎年（1974年~76年の3年間は除く）、8月9日の長崎市主催の平和祈念式典の取材に携わった。松山町の平和公園で行われる平和祈念式典が終了すると、私は必ず、その近くの爆心地公園へ移動した。そこで、毎年、市民団体による平和の集いが開かれるので、それを取材するためだった。いつからだったろうか、その集いでマイクを握ってスピーチをする本島・元長崎市長の姿を見るようになった。

「市長まで務めた人が、この炎天下、公園片隅で開かれる小さな平和集会にまで出かけて核兵器廃絶を訴え続けるとは」。年をとって背中が丸くなった本島氏を毎夏、爆心地公園で見るたびに、私は、核兵器廃絶に賭ける同氏の熱情に感動したものである。

昨年（2013年）11月、知識人グループの「世界平和アピール七人委員会」が、爆心地公園に近い長崎原爆資料館ホールで「核抑止論と世界」をテーマに講演会とシンポジウムを開いた。会場で耳を傾ける聴衆の中に本島氏の姿があった。その時、91歳のはずであった。

長いこと反核平和運動を追い続けてきた私の見聞では、言論の世界で平和を説く著名人は少なくないが、街頭に出て平和を説いたり、平和行進に加わるなど、行動を通じて平和を訴えた著名人は極めてまれだ。そうした意味で、本島氏は希有な存在であった。

隠れキリシタンの子孫

それにしても、本島氏はなぜ、それほどまでに「反核平和」にこだわったのか。2012年に長崎新聞社から刊行された平野伸人編・監修の『本島等の思想』を読んで、その疑問が解けた。本書によると、本島氏は長崎に原爆が落とされてから1カ月足らずの1945年9月上旬に長崎の土を踏み、被爆の惨状を目にしている。本書の中で同氏が「あの極限の光景は今も私の眼底に焼きついています」と語っているのに接すると、この時の体験が、同氏のその後の生き方の原点となったことが分かる。

それに、同氏が長崎県の離島で隠れキリシタンの子孫として生まれたことも影響していたのではないか、と私は思う。隠れキリシタンの子孫は、社会から差別され、貧しい生活を強いられた。同氏も差別を受けたり、母が未婚であったこともあって生活は苦しく、小さいころから働かざるをえなかった。

一方、原爆が長崎市民にもたらした傷跡は深く、被爆者の中には、世間から差別されるのをおそれて被爆者であることを自ら明らかにしない人も少なくなかった。こうした状況に置かれていた被爆者への同情と共感が、同氏をして国家補償に基づく被爆者援護に駆り立てていたのではないか。

また、本書によると、同氏は旧制佐賀高校在学中に学徒出陣となり、西部軍管区教育隊で敗戦を迎えた。多くの学友が戦争で死んだ。こうした戦争経験も同氏を反戦に駆り立てていたようだ。

「加害」と「被害」の両面から考えよ

本島氏が日本の反核平和運動に大きな影響を与えたことも特筆しておかねばならないだろう。

本島氏は1989年ころから、原爆被害問題は「加害」と「被害」の両面からとらえなければならない、との趣旨の発言をするようになる。つまり「原爆による無差別殺戮は、人道的立場から考えて

本島さんは長崎市長を辞めた後も、毎年夏には街頭に立って反核を訴えた。2006年8月8日、長崎市爆心地公園で

絶対に許されない国際法違反の行為である。しかしながら、日本人が反核・反戦を世界の人びとに訴えるためには、まずアジア諸国に対する侵略と加害の歴史をふり返り、厳しい反省の上に立って謝罪と償いをしなくてはならない。それをしない限り、私たちの訴えは受け入れられない」というのだ。

同氏によれば「世界のさまざまな舞台に出て、原爆被害がいかに悲惨であるか、核兵器廃絶が人類にとっていかに必要であるか再三訴えましたが、原爆被害や核兵器廃絶が世界の人びとに理解され、受け入れられることは、ついにありませんでした。それはなぜか。私はそのことを考え続け、やはり先のアジア太平洋戦争における日本の侵略・加害が、日本と世界の人びとの間に大きな溝を作り、その深い溝が日本国民と諸外国との和解の道を閉ざしているのだと思い至りました」（2012年に秋月平和賞を受賞したおりのあいさつから）というわけである。

「反核平和」を唱える日本人は少なくない。が、それを唱えるにあたって、まずアジア諸民族への侵略や植民地支配を反省し、謝罪と償いを、と主張する日本人は極めて少なかった。本島氏に先だって同様のことを日本人に呼びかけたのは、広島の被爆詩人、栗原貞子くらいだ。そうした意味で、本島氏の主張は極めて画期的だった。

現に、こうした主張は日本社会に大きな反響を呼び起こした。とりわけ、反核平和運動に衝撃を与えた。なぜなら、それまでの日本の反核平和運動は、どちらかというと「被害者意識一辺倒」の立場からの運動といった面が強かったからである。それだけに、一部の平和運動関係者からは「加害責任を問われるべきは戦争指導者であって、一般国民は戦争被害者。一般国民に戦争責任を求めるのはおかしい」という反発が出た。

1995年、広島の原爆ドームが世界遺産に登録されると、本島氏は『広島よ、おごるなかれ』との一文を発表した。同氏は、登録に米国と中国が不支持だったことを取り上げ、「広島は原爆ドームを、世界の核廃絶と恒久平和を願う、シンボルとして考え、中国、米国は日本の侵略に対する報復によって破壊された遺跡と考えたのである。どちらの考えが正しいかは、日本軍の空爆によって、多くの人びとがもだえ死んだ重慶の防空壕や真珠湾の海底に沈むアリゾナ記念館が世界遺産に登録されたときの日本の心情を思えば『原爆ドーム』を世界遺産に推薦することは、考えなければならなかったことと思う」と書いた。

これに対し、広島の被爆者団体は総会で「戦争の責任は国家の責任に帰するものであり、一地方都市、あるいは一般国民にまでその責任を求める貴方の考えはなんとしても納得できません。国家と大衆、日本政府と国民の関係を意図的に混同させ、広島を誹謗、中傷することに強い憤りを感じています」との抗議文を採択した。

しかし、今や、日本の反核平和運動では、原爆被害問題を考察する場合は、「加害」と「被害」の両面からアプローチすることがほぼ常識となっている。本島氏の主張はまさに先見的なものだったのである。氏は、原爆に関する世論形成の上で大きな役割を果たしたと言ってよい。

〔リベラル21・2014年11月13日〕

行動力抜群の〝日本のサッチャー〟

荒井なみ子

大正、昭和、平成という激動の時代をひたすら「平和」と「協同」のために生きた女性が2013年1月23日、亡くなった。荒井なみ子（あらい・なみこ）さん。94歳。その歯に衣着せぬ発言と類い希なたくましい行動力、加えて強烈なリーダーシップから、一部の人から〝日本のサッチャー〟と畏敬の念をもって慕われていた女性だ。視力を失い、意識朦朧となった臨終の床でもらした言葉も「平和と協同」「戦争はしてはいけない」だった。

協同組合運動に情熱を燃やす

荒井なみ子さんの一生は、まさに波乱万丈であった。

旧姓は田中。東京・芝で生まれ、大森で育った。生い立ちの事情が複雑だったことから両親以外の人に育てられた。

19歳のある日、石坂洋次郎原作、豊田四郎監督の映画『若い人』のエキストラ募集を新聞で見て、応募の葉書を出した。女優になりたかったわけではない。「若い人」のヒロイン、江波恵子と同様に、我が身をもてあました日々から脱出したかったからだという。

エキストラとして松竹大船撮影所に出入りするうち、助監督の荒井英郎《ひでお》と恋におち、1938年、結婚する。

英郎は栃木県氏家町（現さくら市）出身の日本画家、荒井寛方の次男。寛方は、戦前から戦中にかけ法隆寺金堂の壁画を模写した画家の1人として知られる。新居は東京・渋谷だったが、その後、神奈川県藤沢市鵠沼西海岸に転居する。英郎が大船撮影所に通うにはこちらの方が便利だったからである。英郎は太平洋戦争勃発（1941年）とともに東京の日本映画社へ移る。

敗戦後も荒井一家は藤沢市鵠沼西海岸に住んでいたが、食糧不足の折から、住民が肥料供出組合（通称・コヤシ組合）を結成する。自らの下肥を農家に提供し、代わりに農家から野菜を受け取るという、都市住民と近郊農民の「共存共栄」のための住民組織だった。コヤシ組合はその後、「藤沢生協」に発展する。

なみ子さんは、この組合で活動した。彼女は後年、自ら生協を創立するなど協同組合運動に情熱を燃やすが、その原点は鵠沼西海岸での経験にあったとみていいようだ。すなわち、コヤシ組合での活動を通じて、人々が協同すること、つまり助け合うことの大切さを学んだものと思われる。

1951年、東京・練馬区へ転居。この年、英郎は企業整備のため日本映画社を解雇され、以後、フリーの記録映画作家としてドキュメンタリーの制作に携わる。1975年には『われわれは監視する―核基地横須賀―』がモスクワ映画祭、ライプチヒ映画祭で受賞する。1987年、76歳で病死。なみ子さんは、練馬区へ移ってから、一時、池袋の舞台芸術学院へ通った。その後、1970年には「ともしび生協」を創立し、理事長を務める。店舗は荒井家の風呂場を改造したものだった（ともしび生協はその後、練馬生協と合併）。

生協がらみの活動はその後も続く。1996年に高齢者を組合員とする「生活協同組合東京高齢協」が創立されると、進んでその組合員となった。

2003年には、東京高齢協の文化活動の一翼として高齢者による朗読劇団『八月座』を旗揚げし、その座長に就任した。イラク戦争の勃発に際し小泉首相（当時）が「米国の武力行使を支持する」と表明し、日本も軍事的な支援を辞さないとの動きをみせたことに危機感を抱き、「日本国民は今こそ反戦平和の声を上げなくては」と思ったからだった。八月は日本が敗戦を迎え、日本国民が平和を手にした月。「その八月を忘れたくない」。そうした思いから、劇団名を「八月座」としたのだった。この時、85歳。

なみ子さんの呼びかけで集まってきたのは20数人。初演は長野県上田市での公演で、演目は『無言館を訪ねて』。同市内にある、戦没画学生の作品を集めた美術館「無言館」の館主、窪島誠一郎さんの著作『無言館を訪ねて』を元にした朗読劇。次いで、1954年のビキニ水爆実験による被災事件を取り上げた『第五福竜丸　航海中』、憲法9条を紹介した『アーティクルナイン―日本国憲法第9条―』、戦争体験記『戦争と私』などを各地で上演した。八月座の活動は4年間続いた。

平和・協同ジャーナリスト基金賞に荒井なみ子賞

彼女の「平和」と「協同」にかける思いは、別なところで一つの結実を遂げる。平和・協同ジャーナリスト基金賞荒井なみ子賞の創設だ。

平和・協同ジャーナリスト基金は1995年に市民有志によって設立されたファンド（本部は東京）である。反核平和、協同・連帯、人権擁護といった分野で優れた作品を発表したジャーナリストを顕彰しようという狙いで設立され、毎年、数人のジャーナリストに基金賞を贈呈している。なみ子さんは設立と同時にその会員となり、2006年、基金に100万円を寄付。基金はこれを基に「荒井なみ子基金」をつくり、女性ライターに対し荒井なみ子賞の贈呈を始めた。すでに5人のライター、映画監督らが受賞している。

彼女の社会的活動は極めて多彩であったが、荒井寛方の顕彰活動と、その活動を通じて日本とインドの文化交流に大きな足跡を残したことも特筆すべきことだろう。

すでに述べたように日本画家だった寛方は夫、英郎の父。なみ子さんにとっては義父にあたる。アジアで初のノーベル文学賞を受賞したインドの詩人、ラビンドラナート・タゴールが1916年に初来日した際、横浜の三渓園に宿泊。そこで、寛方が下村観山作の屏風『弱法師』を模写しているのを見た。日本画の技法に感銘したタゴールは『弱法師』の模写画を所望し、寛方筆の模写画がタゴールのもとに送られた。これをきっかけに、寛方はタゴールに招かれ、1年半にわたってインドの西ベンガル州に滞在、タゴールがシャンティニケタンに創立したタゴール国際大学で日本画を教えた。

タゴールは1924年にも訪日したが、この時も寛方と交流を深め、友情のしるしに自ら日本の毛筆を手にしてベンガル文字で「釈迦牟尼」と揮ごうし、自らのサインも添えて寛方に贈った。

この「釈迦牟尼」の書は、なみ子さんの手元に家宝として保管されていたが、彼女は「荒井家が抱き続けてきたインドへの友好的な思いを何らかの形で表したい」として、1989年、駐日インド大使館を通じてタゴール国際大学へ贈った。

その後、なみ子さんは何度もインドを訪れるが、タゴールと寛方の友情と2人が果たした日印文化交流史上の業績を永く伝えるための記念碑を、タゴール国際大学の構内に建立することを思い立つ。彼女は数百万円にのぼる自費を投じて記念碑を完成させ、その除幕式が1997年3月3日、現地で行われた。

記念碑には日本の御影石が使われ、寛方がインドを去るとき、タゴールが寛方に贈った詩「愛する友よ　ある日、君は客人のように　私の部屋に来たった　今日、君は、別れのときに　私の心の内奥に来た」が、ベンガル文字と日本語で刻まれた。除幕式には、なみ子さんのほか、寛方の遺族、上田市・常楽寺住職の半田孝淳氏（現比叡山延暦寺座主）、日本画家の平山郁夫氏、氏家町長、タゴール国際大学副学長らが参列した。

土地を提供して「寛方・タゴール平和公園」

蓄財には無縁だった。何か収入があると、惜しげもなく社会的な活動に投じ、自らは質素な生活に徹した。平和・協同ジャーナリスト基金への寄付はその一例だが、義父が残した土地を相続せず、自

荒井なみ子さん（2003年5月）

治体に公園用地として寄贈したのもそうした生き方を示したものと言えるだろう。

義父、寛方の生家は氏家町内にあった。敷地は約850平方メートル。英郎が相続したが病死したため、なみ子さんと長男、孝志さんが相続した。が、なみ子さんは「寛方とタゴールが日印文化交流で果たした役割を顕彰するために役立ててほしい」と、孝志さんとともに土地を氏家町に寄贈、町はこれを公園化し、その名を「寛方・タゴール平和公園」とした。「寛方もタゴールも世界平和を願っていたから」と言って公園名に「平和」を入れるよう主張し、難色を示す町についに認めさせたのは、なみ子さんだった。1994年のことである。

長身にして大柄な体つきで、みるからにタフだった。それでいて女優のような華やかさを感じさせた。82歳でがんを患い、入院、手術を経験した。その後快復したが、10年前、西東京市内の軽費老人ホームへ入所、臨終もそこで迎えた。今年（2013年）に入り、食物や水を飲み込めなくなり、衰弱が進んだ。点滴などの延命措置を断り、いわば自然死を選んだ。

1月20日、お見舞いで老人ホームを訪ねると、小さな自室のベッドに横たわっていたなみ子さんは、時折、顔を私の方に向け、うわごとのようにいくつかの言葉をもらした。「平和と協同」「戦争はしてはいけない」と聞き取れた。これまで持てる全精力を費やしてやってきた活動のあれこれが、彼女の脳裏を駆けめぐっていたのであろうか。それから3日後に逝った。

通夜、告別式はなかった。彼女の意思で、生前に献体を医科大学に登録済みだったからである。遺骨が遺族の元に返ってくるのは3年後とのことである。死んでもなお社会のために役立ちたい。いかにも彼女の生き方にふさわしい臨終に思えた。

〔リベラル21・2013年1月27日〕

漫画「はだしのゲン」に込めた思い

中沢啓治

原爆による被害は言語に尽くしがたいほど悲惨。核爆弾の使用はもう絶対に許してはならない——中沢啓治著『はだしのゲン　わたしの遺書』（朝日学生新聞社刊）を読み終え、改めてそう痛感した。広島・長崎の被爆から67年余。この本は、私たちに改めて核兵器廃絶へのたゆまぬ努力をうながしてやまない。

自身の被爆経験を漫画に

中沢啓治（なかざわ・けいじ）さんは、１９７５年の発行でこれまでに十数カ国語に翻訳され、トータルで１０００万部以上売れたとされる漫画『はだしのゲン』の作者である。目の病気で視力が衰えたため２００９年に漫画を描くのを断念。２０１０年に肺がんを発症、右の肺の一部を切除したものの再発し、昨年（２０１２年）12月19日、広島市内の病院で亡くなった。73歳だった。

中沢さんは、広島市内で下駄の塗装業をしていた父晴海さん、母キミヨさんの三男として生まれた。小学1年（6歳）の時の1945年8月6日、米軍機が投下した原爆で、爆心地から1・3キロ離れた学校の校門前で被爆した。が、コンクリート製の塀と街路樹の陰にいたため、奇跡的に助かった。しかし、父、姉、弟は爆風で崩れた自宅の下敷きとなり、火焔に焼かれて死亡。4カ月後、原爆が投下された日に生まれた妹が栄養失調で亡くなった。助かったのは、中沢さんの他には母と2人の兄だけだった。その後、焼け野原と化した広島市内で、生き残った家族の苦難の日々が続く。

中沢さんは小学3年の時、漫画家になろうと決意する。中学を卒業すると、看板屋に就職、デッサンの基礎、色彩関係、レタリングなど、漫画に必要なことを学ぶ。1961年、22歳で上京し、漫画家のアシスタントをしながら、自分の漫画を描くことに熱中、63年に月刊誌『少年画報』に『スパーク1』と題する、レーサーと産業スパイをからませた作品が掲載される。これが漫画家としてのデビューで、24歳だった。65年、広島県出身のミサヨさんと結婚する。

68年、アシスタントをやめ、漫画家として独立。73年、『週刊少年ジャンプ』（集英社発行）に、同誌編集長の勧めで『はだしのゲン』の連載を始めると、大きな反響を呼び起こし、全国から読者の手紙が殺到した。これは、いわば中沢さんの自伝で、主人公の少年ゲンは中沢さん自身だった。中沢さんによれば、6歳の時に自身の網膜に焼き付いた原爆の姿を徹底的に描いてみよう。戦争で、原爆で、人間がどういうふうになるのかを徹底的に描こうと思って描き始めた作品だったという。その後、掲載誌は変わったが、85年に完結する。

この作品、75年には汐文社から単行本として刊行された。その後、英語、ロシア語、フランス語、ドイツ語、韓国語、ギリシャ語、スペイン語、ポルトガル語、ウクライナ語、ポーランド語、インドネシア語、モンゴル語、タイ語、スウェーデン語、フィンランド語、トルコ語、タガログ語、エスペラント語などに翻訳された。映画、アニメ、ミュージカル、オペラ、芝居、講談にもなった。

遺言のようなインタビュー

『はだしのゲン　わたしの遺書』は、加藤明さん（元朝日新聞記者）と佐藤夏理さん（朝日学生新聞社編集者）が、病床にあった中沢さんを昨年（２０１１年）３月から何度もインタビューし、それをまとめたものだ。加藤さんらによれば、中沢さんは原爆の怖さと自らの体験を語り尽くしたという。出版されたのは中沢さんが亡くなる１週間前。中沢さんは病室で本を手にとって喜んだという。

『はだしのゲン』では、主人公ゲンの目に映った、原爆が投下された直後の異様な光景が漫画で描かれていた。破壊されて燃え上がる家屋。目玉が飛び出した人や腹の中から腸が飛び出した人。ガラスの破片が肌に突き刺さった血だらけの人々。防火用水が入った水槽に群がる人々。皮膚が垂れ下がった手を前に突きだして幽霊のように行進する人々……。それは思わず目を背けたくなるような悲惨極まる地獄絵図だった。

これに対し、『はだしのゲン　わたしの遺書』では、こうした地獄絵図が、中沢さんの口を通して語られている。それは、思わずページを閉じたくなるような凄惨な光景である。それは、漫画とは別な圧倒的な迫力で読者を捕らえて離さない。

本書の中で、中沢さんは語る。

「『はだしのゲン』は、被爆のシーンがリアルだとよく言われますが、本当は、もっともっとリアルにかきたかったのです。けれど、回を追うごとに読者から『気持ち悪い』という声が出だし、ぼくは本当は心外なんだけど、読者にそっぽを向かれては意味がないと思い、かなり表現をゆるめ、極力残酷さを薄めるようにしてかきました」

「漫画家仲間からも『おまえの漫画は邪道だ。子どもにああいう残酷なものを見せるな。情操によくない』と叱責されたことがありました。けれど、ぼくは『原爆をあびると、こういう姿になる』という本当のことを、子どもたちに見せなくては意味がないと思っていました。原爆の残酷さを目にすることで、『こんなことは決して許してはならない』と思ってほしいのです」

『はだしのゲン自伝』の出版記念会であいさつする中沢啓治さん、左は妻・ミサヨさん（1994年）

漫画が描けなくなった中沢さんは、２０１１年、それまで描いてきた58作品の原画９５００枚、単行本や雑誌８８４冊などの資料１万４４１点を広島平和記念資料館に寄贈した。いわばすべての〝財産〟を手放した中沢さんとしては、遺言を残すつもりでインタビューに応じ、あの時、広島で目撃した光景の真の姿を、残された力をふりしぼって語り尽くしたものと思われる。

朝鮮人差別への自己批判も

本書を読み終えて強く印象に残ったことがいくつもある。

まず、中沢さんが原爆ばかりでなく原発にも反対していたことだ。中沢さんは語る。

「ぼくは以前から、日本は地震列島なのだから、原発に頼るのは非常に危険だと思い、原発には反対でした。『原爆と原発はちがう』と言って、この地震の多い国で原発を増設してきた日本政府、それをだまって受け入れてきた日本人に、憤りを感じてきました。原発がある地域に行ってみると、立派な図書館とか公民館とかができているわけです。みんな金がほしいんです。原発を維持するのも、みんな金じゃないですか。そういうふうに慣らされてしまっている」

「常々、みんな原発のおそろしさをわかっていない、放射能のおそろしさを知った広島、長崎の教訓が生かされていないと思ってきました」

第2は、幼いころ、日本人として朝鮮人を差別したことへの自己批判だ。本書にはこんなくだりがある。

「ぼくの家の裏に、ボクさんという朝鮮人の一家が住んでいました。……当時、広島にはボクさん以外にも朝鮮人の方がいて、子どもの間では、朝鮮人をバカにする歌がはやっていました。『朝鮮、朝鮮とパカにするな。おなじ飯くって、ぬくいクソ出る。日本人とどこがちがう。靴の先がちょとちがう』という歌です。朝鮮の人は先がそった朝鮮靴をはいていました。朝鮮人がしゃべる日本語は片言なので、それをバカにしてからかいながらこんな歌を歌って笑っていたのです。ひどいことです。ぼくも一緒になってはやしたてているのをきいて、おやじは非常に怒りました。日本が朝鮮に侵略してどれだけひどいことをやったのか。強制的に朝鮮人を日本に連れてきていること、安い労働力としてこきつかっていることをこんこんと説教されました。ボクさんも強制的に日本に連れてこられたそうで、ぼくはわけもわからずに朝鮮人をバカにする歌をうたっていたことを恥ずかしく思ったものです」

それにしても、本書を通じて浮かび上がってくる、中沢さんの反戦・反核への思いの強さに心打たれた。

「忘れることはときに必要なこともあるかもしれませんが、戦争と原爆のことだけは、忘れてはいけないことなのです。『戦争は人間のもっとも愚かな業』というのがぼくの持論です。戦争はきっと、忘れたころにまたやってきます。そのためにも、戦争があったら、核兵器が使われたら、どんな事態になるかを知って、それを阻止する力を結集しなくちゃいけないと思っています」

「広島・長崎に落とされた原爆は、本当にまだ小さな、小さな核兵器です。いまは、もっと性能が上がっているのですから、その倍以上のものを想像してみてください。どうなりますか？　もう、人類滅亡です」

「ぼくは色紙を頼まれたら、『人類にとって最高の宝は平和です』とかくのです。戦争になったら、人間のもっとも残酷な部分があらわになって、人間の命なんて、あっという間に吹き飛んでしまうのです」

中沢さんのこうした思いが、若い世代に引き継がれてゆくことを祈らずにはいられない。
中沢啓治著『はだしのゲン　わたしの遺書』（朝日学生新聞社、１３００円＋税）
［リベラル21・2013年4月1日］

「広島のシンボル」と呼ばれた物理学者

庄野直美

「巨星墜つ」。その人の訃報に接して、まず私の脳裏に浮かんできたのは、そうした思いだった。その人とは、庄野直美（しょうの・なおみ）・広島女学院大学名誉教授。２０１２年２月18日、肺炎のため86歳で亡くなったが、庄野さんこそ、広島の反核平和運動のシンボルとされてきた著名人の１人であり、広島原爆の実相を内外に伝えるために大きな足跡を残した理論物理学者だった。今年に入って、服部学・立教大学名誉教授が死去するなど、戦後の反核平和運動を理論と活動の両面でリードしてきた学者・研究者の訃報が相次ぎ、残念でならない。

原爆経験の全体像に迫る

庄野さんは広島県の戸河内村（現安芸太田町）の生まれ。九州帝国大学理学部理学科に入学するが、１年に在学中の１９４５年８月６日、米国によって広島に原爆が投下される。３日後に広島市に入り、両親の生存を確認するが、原爆によるすさまじい惨状を目撃する。自らも残留放射能を浴びて被爆者となる。こうした経験が、後年、核兵器廃絶に向けた運動に積極的にかかわる母胎となる。

九州帝国大学理学部理学科卒業後は、研究室に残って原子・原子核・素粒子を研究。1950年に広島大学・理論物理学研究所（広島県竹原市）へ移り、1961年には広島女学院大学（広島市）の教授に就任する。

庄野さんの功績は、まず、広島原爆の被害の実相解明に寄与したことだろう。最初は、専門の理論物理学の立場から、原爆の炸裂によって生じた放射線が人体に与える影響の研究に従事した。広島、長崎の原爆被害の実態を解明したものとしては、広島市・長崎市原爆災害誌編集委員会編の『広島・長崎の原爆災害』（1979年、岩波書店）が最も権威あるものとされているが、34人の原稿執筆者のうちの1人が庄野さんで、物理学関係を担当した（物理学関係の執筆者は5人）。

同書の刊行に先立つ1977年夏には、内外のNGO（非政府組織）が中心となり、被爆の実相と被爆者の実情を明らかにしようと、『NGO被爆問題国際シンポジウム』を東京、広島、長崎を結んで開いた。庄野さんはその運営委員会の日本側委員を務めた（運営委員は国際側、日本側とも各10人）。

その後、単に物理学の観点からだけでなく、被害の総体を総合的な観点から明らかにしようとする。その成果が、庄野さん編著の『ヒロシマは昔話か―原水爆の写真と記録―』（1984年、新潮文庫）だ。庄野さんには多くの著作があるが、これこそ氏の代表作だと私は思う。

第1章「その日、子供たちは」、第2章「肉親との再会・別れ」、第3章「裸になった街」、第4章「体に残された傷跡」、第5章「変えられた人々の暮らし」、第6章「それでも核実験は続く」、第7章

「わたくしたちは生き残れるか」、第8章「ヒロシマは昔話か」という章立てからも分かるように、広島原爆の被害の全体像の解明に迫ったものだ。

本書の解説を書いた大江健三郎氏は、その中で「1945年8月6日午前8時15分に広島で起った出来事。庄野さんは子供たちの文章を引用して、被爆時の経験のいくつもの局面に光をあてたのち、原爆のひきおこした爆風、熱線、そして複合された災害として簡明なまとめを提示します」「この小さな本が、原爆経験の全体像について、深い内容をはらんだ入門書たりえているのは、医学的な被爆の障害についての、新しい資料に立つ解説がよくなされているのに加えて——その点について一例をあげれば、原爆による遺伝的な障害をめぐる部分など、情理かね備えたものです——社会的な側面かもの眼くばりも強くなされているからです。原爆被災は人を殺し傷つけたのみならず、生き延びた人びとを、社会的・経済的に痛めつけ、あえていえば、人間としての生の全側面について圧迫したのであり、それは現在までつづいているのです」と述べている。

被爆の実相を後世に伝えねば、という願いも強かった。そうした見地から、被爆建造物の保存のためにも奔走した。広島平和記念資料館が1996年に『ヒロシマの被爆建造物は語る——未来への記録』を刊行した時、庄野さんはその監修を務めた。

運動統一のために奔走

庄野さんの功績の第2。それは、反核平和運動がスタートして以来、絶えずその運動に積極的にかかわったことだろう。学者でありながら「象牙の塔」に閉じこもることなく、運動の現場に出ていった。夏に開かれる原水爆禁止世界大会には必ず参加したし、広島市で開かれる反核平和のための市民運動では、いつも主催者の位置にいた。

原水爆禁止運動が分裂すると、その統一のために奔走した。１９７７年に、分裂していた運動が14年ぶりに統一を回復し、統一した世界大会を開くために原水協、原水禁、市民諸団体が参加する「原水爆禁止統一実行委員会」が発足すると、統一実行委幹事会の幹事オブザーバーを務めた。関係各団体からの信頼が厚く、幹事会の助言者的な役割を期待されての就任と言ってよかった。

それだけに、１９８６年に運動が再び分裂すると、落胆と失望は大きく、挫折感と無力感を味わったようだ。

それに、大会や集会への参加を続けただけではない。１９８５年には「ヒロシマ・ナガサキ平和基金」を創設し、理事長に就任した。反核平和のために活動する個人・団体に助成金を贈るためのファンドで、全国から寄付金を集め、これを基に20年間にわたって助成を続けた。

反核平和運動にかかわった学者・文化人は少なくない。が、反核平和のために活動する個人・団体に財政的支援を継続的に行った人は私の記憶では庄野さんのほかには見当たらない。こうした活動に対し、２００５年に広島市から「広島市民賞」が贈られた。

陽気で、気さくな、人懐こい人柄だった。ビールが大好き。夏の原水爆禁止世界大会で、その日の行事が済むと、市内のビアホールで、大会参加の活動家と議論を戦わせながらジョッキを傾ける庄野さんの姿がみられた。

個人的にも、お世話になった。私が、ルポライターの中島竜美（故人）との共編で原爆に関する論考を集めた『日本原爆論大系』（全7巻、1999年、日本図書センター）を刊行するにあたり、庄野さんに監修者をお願いしたところ、快く引き受けてくださった。

被爆後の広島は、反核平和運動で指導的な役割を果たした学者を輩出してきた。まず、被爆者の森瀧市郎。広島大学教授（哲学）から、日本原水爆被害者団体協議会（日本被団協）理事長、原水爆禁止日本国民会議（原水禁）代表委員となり、世界を駆けめぐって「核廃絶」を訴えた。次いで、今堀誠二。広島大学教授（中国近代史）、広島女子大学学長を務めたが、そのかたわら、被爆問題や原水爆禁止運動について積極的に発言した。さらに、飯島宗一。広島大学教授（医学）、広島大学学長、名古屋大学教授、名古屋大学学長を歴任し、やはり反核平和問題で積極的に発言した。

これらの学者・研究者はいわば「ヒロシマ」を象徴する人たちで、いうなれば広島のシンボルだった。庄野さんもその人脈につながる人だったと言えるだろう。

「巨星墜つ、だって？ おれ、そんな大物じゃあないよ」。耳をすますと、あの世で高笑いする庄野さんの笑い声が聞こえてくるような気がする。

［リベラル21・2012年3月14日］

ひたすら核兵器廃絶のために生きる

服部学

3月1日は「ビキニ・デー」。58年前の1954年の3月1日未明に太平洋のマーシャル群島ビキニ環礁で米国による大規模な水爆実験が行われ、静岡県焼津港所属のまぐろ漁船・第五福竜丸の乗組員と周辺の島々の島民らが実験で生じた放射性降下物「死の灰」を浴び、被ばくした事件を忘れまいとして反核平和団体によって設定された記念日である。今年（2012年）も、この日を記念してさまざまな行事が予定されているが、私は、この日にからんで1人の物理学者を偲ぼうと思う。さる1月10日に85歳で亡くなった服部学（はっとり・まなぶ）さんだ。

東京・山の手の大空襲を経験

ビキニ環礁における米国の水爆実験は、第2次世界大戦後の米国とソ連による激烈な核兵器開発競争の中で行われた。実験の爆発力はTNT火薬に換算して15〜22メガトン、広島型原爆の750〜1

150倍とされ、それまでの最大規模の核実験だった。

この時、実験地から東北東150キロ、航行禁止区域から同35キロで操業中だった第五福竜丸の乗組員23人が「死の灰」を浴び、帰港後、急性放射能症と診断されて1年余の入院を余儀なくさせられる。この間、無線長の久保山愛吉さんが死亡、水爆による世界最初の犠牲者となった。実験地から東200〜300キロの島々に暮らしていた住民243人（うち胎内4人）と、米国の観測班員28人も被ばくした。

この事件は、全世界に衝撃を与え、日本では事件直後から、東京都杉並区の主婦たちによる「水爆禁止署名」が始まり、これが全国に波及し、こうした国民的な盛り上がりを背景に翌1955年8月、広島で第1回原水爆禁止世界大会が開かれた。

同年7月には、バートランド・ラッセル、アルバート・アインシュタイン、湯川秀樹ら世界的な科学者11人が「核兵器が人類の存続をおびやかしているという事実を考慮せよ」との「ラッセル＝アインシュタイン宣言」を発表した。

ビキニ被災事件は、日本人にとっては広島原爆、長崎原爆に次ぐ、いわば「第3の核被害」と言える。それに、この事件は、今なお続く原水爆禁止運動の起点となった。それだけに、3月1日には、事件に思いをはせ、核兵器廃絶のための努力を誓うさまざまな行事が繰り広げられてきた。

服部さんは仙台市の生まれ。東京大学理学部物理学科卒業。同大学助手を経て立教大学に移り、助教授、教授を務めた。その間、同大学原子力研究所（神奈川県横須賀市）に勤務。服部さんが横須賀市に住むようになったのもそのことと関係しているようだ。

服部さんが原水爆禁止運動に参加するのは、1956年の第2回原水爆禁止世界大会からだ。服部さんには核兵器に関する著作がたくさんあるが、自分が運動にかかわるようになった動機について触れたものはほとんど見あたらない。おそらく唯一と思われるのが、中林貞男・日本生活協同組合連合会会長との対談の中での発言だ。1980年に同連合会から刊行された『核兵器の脅威を語る』に、こうしたやりとりがある。

中林「(1945年の)5月24、25日の東京山の手の大空襲のあと、私は世田谷代田の自宅から、神田神保町の事務所まで歩いて通ったんですが、青山通りは今のような大きな通りではなくて、もっと狭く、通りの両側には死体が累々としていました。私はあまりにもむごたらしい光景を見て2度とこういうことはあってはならないと思いました」

服部「私はそのころ学生で東京の小石川に住んでおりました。大空襲の翌朝、まだ焼け跡のくすぶっているところを歩いていますと、道の脇のドブのところに、3つか4つぐらいでしょうか、子どもさんの死体が焼けてふくれ上がって転がっていたのが実は私が生まれて初めて見た死体だったわけです。その印象というのは今でも忘れられないですね。悲惨な光景でした」

「そのあとで、広島、長崎に原爆が落とされたわけです。私は物理の学生で、原子核物理学の勉強をしたいと思っていたんです。その原子核物理学の知識が、最初にまさか原子爆弾という形で出てくるとは夢にも思っていませんでしたし、それが現実のものになったのは、私個人にとってはものすごいショックでした」

「戦争が終わっても、せっかく人類が解放した原子力の知識が、ますます秘密にされ、そして原子爆弾で政治が動くようになってくるのを見ていて、いても立ってもいられなくなり、なんとしてもこの原子爆弾をなくさなければいけないというふうに感じたのが、平和の問題を考え始めるそもそものきっかけでした。たまたま私は卒業実験のときに、長崎に落とされた原子爆弾の、今でいうと死の灰の放射能の分析の一部をお手伝いしたものですから、それからずーっと死の灰との腐れ縁が長く続いてきまして、原水爆禁止運動にも足を踏み入れるようになってきたんです」

科学者として核兵器廃絶に尽力

服部さんを原水爆禁止運動に駆り立てたのは、まず、東京大空襲で見た戦争の悲惨さだったということだろう。そして、その後、核の専門家として原子爆弾のもつ残酷さ、非人道性、ひいては核戦争の恐ろしさを知るにつれ、ますます運動に傾斜していったということだろう。

服部さんが「核兵器をつくったのは科学者だ。だから、科学者はその廃絶のため努力する責任がある」と語るのを聞いたことがある。科学者がつくり出した核兵器が、人類を絶滅させる威力を持つまでに巨大化したことに、服部さんは科学者の1人として責任を感じていたようだ。「核兵器は人間がつくり出したものだから、人間の力で禁止できないはずがない」が口ぐせだった。それを耳にする度に、いかにも科学者らしい信念の持ち主だな、と私は思ったものだ。

服部さんが関わった運動は多岐にわたる。まず、夏の原水爆禁止世界大会には毎年欠かさず参加してきたし、1977年に内外のNGO（非政府組織）が中心となって東京・広島・長崎で「被爆問題国際シンポジウム」を開いた折りは、その会計責任者を務めた。

服部学さん

１９８２年にニューヨークの国連本部で開催された第2回国連軍縮特別総会に向けた運動でも、ユニークな運動を編みだし、注目を集めた。陸井三郎（評論家）とともにイニシアチブを発揮した一般市民向けの連続討論会だ。「忘れまいぞ核問題討論会」と名づけられ、東京で13回にわたって開かれた。講師は核問題や軍縮問題の専門家で、毎回、多数の市民を集めた。

第五福竜丸の保存にも力を尽くし、同船が都立の展示館に収められると、そこを管理・運営する第五福竜丸平和協会の理事を１９８９年から14年間務めた。

服部さんが最も長期にわたって取り組んだ具体的な課題は、米国の原子力艦艇の日本寄港反対だろう。米原潜「シードラゴン号」が初めて佐世保に入港したのは１９６４年11月12日だが、服部さんは「原潜は強い放射能を放出する恐れがある」として寄港に強く反対した。66年5月30日には米原潜「スヌーク号」が横須賀に入港し、その後、原潜の日本寄港が常態化する。服部さんはその度に原潜の危険性を訴え、原潜寄港反対運動の理論的リーダーとなる。

１９８９年、服部さんは横須賀の運動仲間と「ＮＥＰＡの会」を結成する。ＮＥＰＡとは、米国の環境保護法のことで、この法律によれば、米国政府が事を始めるときは、それが環境に負荷を与えないかアセスメントをする必要がある。ところが、米軍横須賀基地に関してはこれをやっていない。明らかに法律違反。だから、米海軍長官を同法違反で訴えようというわけである。91年6月にワシントン連邦地裁に提訴。が、NEPAは域外には適用できないと、門前払い。でも、この提訴はユニークな運動として関心を集めた。

まだある。横須賀の米軍基地には空母キティホークが配備されていたが、同艦が引退し、2008年9月からは原子力空母ジョージ・ワシントンの母港となった。これにも、服部さんは横須賀市民とともに反対運動を繰り広げてきた。

一人の市民として行動

昔も今もそうだが、日本では、社会運動に参加する学者・研究者は稀れだ。概してアカデミズムという「象牙の塔」から外に出ることはない。が、服部さんは核兵器問題で論陣を張ったばかりでなく、気軽に原水爆禁止運動の現場に出かけていった。大会や集会で発言し、デモの先頭にも立った。その点で、一般の科学者とは全く異なっていた。

しかも、運動の中では一人の市民として行動した。横須賀で服部さんと一緒に行動してきた藤田秀雄・立正大学名誉教授（平和教育、横須賀市在住）が話す。「いばったり、えらぶることがなかったですね。市民の感性を持っていたということでしょう」

藤田教授によると、服部さんや藤田さんが加わるグループが横須賀市内で平和講座を開いたことがあった。会場は建物の2階。受講者の中に障がい者いた。すると、服部さんはその人を背負って階段を登り、会場まで案内したという。

服部さんは10数年前に脳梗塞を患い、外出がかなわなくなっていたが、それでも核問題への関心は衰えることはなかった。

お別れ会は2012年1月13日、横須賀市の美松苑会館で行われた。主催は妻の翠さん。友人、平和運動関係者ら約60人が参じた。献花の後、子息のあいさつがあった。

「父は平和運動、反核運動を生き生きとやっていました。おだてられると、いい気になるところがあるので、ますますその気になり、喜んでやっていました。みなさんに愛されていることが、生きるエネルギーになっていました」

服部さんの在りし日々が、目に浮かぶようだった。

ビキニ・デーでは、こんな科学者がいたことを記憶にとどめたい。

［リベラル21・2012年2月27日］

常に大衆の一員、庶民の一員として

井上ひさし

2010年7月1日夜、東京・有楽町の東京會舘9階の大宴会場（ローズルーム）はおびただしい人びとで溢れた。文学、演劇、報道、出版の関係者らざっと1200人。4月9日に75歳で亡くなった作家・劇作家の井上ひさし（いのうえ・ひさし）さんとの「お別れの会」だった。

気さくで威張らない人

会場に並べられた400冊の著作と遺影の前で、作家の丸谷才一、大江健三郎、演出家の栗山民也の3氏が弔辞を述べ、妻の井上ユリさんが喪主としてのあいさつをしたが、会場の片隅でこの人たちの話に耳を傾けながら、私はこの「天才」（ユリさんはあいさつの中で「井上ひさしは天才です」と夫を讃えた）の冥福を祈った。

文学・演劇関係者でもない私がこの会に参列できたのは、世界平和アピール七人委員会の事務局員

世界平和アピール七人委員会が2006年11月11日に明治学院大で講演会を開催した際、控え室で

だからだった。

井上さんの訃報を掲載した4月12日付夕刊各紙は井上さんの経歴を詳細に報じ、その中で井上さんが「九条の会」の呼びかけ人の1人であることを紹介していたが、井上さんが世界平和アピール七人委員会の委員であったことを報じた新聞はほとんどなかった。が、2004年4月から、この委員会の一員として活躍中であった。

世界平和アピール七人委員会とは、不偏不党の立場から平和問題に発言する知識人グループ。1955年に平凡社社長の下中弥三郎、物理学者でノーベル賞受賞者の湯川秀樹、日本婦人団体連合会会長の平塚らいてう、ら7氏によって創設された。七人委員会がこれまでに内外に発したアピールは、核問題、日本国憲法に関するものなど102本にのぼる。現在の委員は、井上さんが死去したので、国際政治学者の武者小路公秀、元長崎大学学長の土山秀夫、写真家の大石芳野、ドイツ文学翻訳家の池田香代子、慶應大学名誉教授の小沼通二、宇宙物理学者の池内了の6氏。

井上さんは、超多忙の身であっても委員会に参加し、委員会主催の講演会でも弁舌を振るった。委員会が2007年に新潟県十日町松之山で講演会を開いた時、井上さんは「世界の農業と日本の農業」について話し終えると、「仕事があるから」と、泊まらず帰った。

私は2000年から七人委員会の事務局を手伝うことになったので、この「天才」の謦咳《けいがい》に接することができた。

身近にみた井上さんは、まず、気さくで威張らない人だった。インテリには庶民を見下し、威張りちらす人が少なくないが、井上さんはそういうところは全く感じさせなかった。お別れの会でも、「彼の志は一貫して権力に対する反逆であり、常に弱者の味方だった。知識人として大衆を指導するという態度ではなかった。彼は高い知性の持ち主だったが、常に大衆の一員、庶民の一員であった」（丸谷氏）という発言があった。

「気配りの人」でもあった。委員会は東京・神田の学士会館で開かれることが多いが、井上さんはよく「巻き寿司」を持参してきて、私たちにふるまった。井上さんは鎌倉に住んでいたが、鎌倉駅前の小町通りに行きつけの寿司屋があり、そこで買ってきたとのことだった。井上さんは、この小町通りをことのほか気に入っていたらしく、そこには行きつけの喫茶店があった。店主の話では、片隅の席から、通りを眺めていたという。作品の構想を練っていたのかも知れない。

とてつもない読書量

話すことは、とても分かりやすかった。井上さんの座右の銘は「むずかしいことをやさしく、やさしいことをふかく、ふかいことをゆかいに、ゆかいなことをまじめに書く」というものだったという（作家・阿刀田高氏。4月12日付東京新聞夕刊）。小説や戯曲、エッセーなどの作品の上ばかりでなく、日常の会話、語りでもこうした座右の銘に徹していたということだろう。

その上、文字通り博覧強記の人だった。それが、とてつもない読書量によって培われたと知ったのは井上さんの郷里、山形県川西町の町立図書館を訪れた時の見聞だった。私がここを訪れたのは2005年の秋だったが、図書館の中に「遅筆堂文庫」（井上さんは自分のことを遅筆堂と称していた）があった。井上さんが町に寄贈した蔵書が書棚に陳列されており、全部で約8万冊にのぼるとのことだった。

書棚を見て「井上さんはこんなものまで読んでいたのか」と驚いた。文学、演劇関係の図書はもちろんだが、哲学、歴史、美術、科学、医学、天文、政治、憲法、経済、農業などあらゆる分野の書籍が網羅されていたからである、これらの文献から得た知識が作品に結実したのはいうまでもない。

私は、井上さんの作品をあまり読んでいない。が、戯曲『父と暮せば』には感動した。原爆投下にあいながらも生き残ったことへの負い目を抱きながら生きる娘と、その前に幽霊となって現れた父との交流を描いた作品だ。井上さんの、ヒロシマへの理解の深さを感じさせる名作だと思う。

ヘビースモーカーだった。喫煙の弊害を指摘されると、よく「喫煙と肺がんは統計的にみても因果関係はない」と言って笑った。しかるに、井上さんは肺がんで逝った。

［岡谷市文化会館カノラホールソサエティ発行の「カノラホールソサエティ」123号に掲載された原稿に加筆］

「戦争の語り部」として全国どこへでも

本多立太郎

「戦争体験出前噺《ばなし》」で知られた本多立太郎（ほんだ・りゅうたろう）さんが２０１０年5月27日に亡くなった。96歳だった。人生最後の仕事として本多さんが意欲を燃やしていた、フランス・パリでの「日本国憲法9条手渡し運動」はついに実現しないまま、その類い希な人生を閉じた。本多さんが終生抱き続けた願いは、私たちに課題として残されたといえる。

「戦争体験出前噺」

本多さんは、１９１４年に北海道小樽市に生まれた。20歳で東京に出、新聞社に勤務するが、日中戦争下の１９３９年、25歳の時に召集され、中国戦線へ。いったん帰国するが再び召集され、１９４５年、千島列島の占守島で敗戦を迎えた。上陸してきたソ連軍に拘束され、シベリアへ送られた。２年間の抑留生活の後、１９４７年に帰国した。

本多立太郎さん（和歌山県みなべ町で）

その後、信用金庫協会に就職し、大阪、熊本などで勤務したが、１９７５年に定年退職となった。その時、60歳。定年退職後は大阪に住んだ。

その後、日本が次第に軍備増強への道をたどりつつあることに危機感を抱き、「日本は再び戦争を起こしてはならない」との思いから、自らの戦争体験を、戦争を知らない世代に伝えようと思い立った。その間の事情を、本多さんはかつてこう語ったことがある。

「実はたまたまうちの娘が男の子を産みまして、孫という小動物が目の前に現われたということがきっかけでした。孫に軍服を着せたくない、殺したり殺されたりすることを絶対にやらせたくないと思ったわけです」

本多さんが自らの戦争体験を語り出したのは１９８６年、京都でだった。２、３回やれば終わると思っていたが、「こちらにも来てほしい」と声がかかるようになり、請われれば全国どこにでも出かけて行くようになった。

そんな生活が20年も続き、「戦争語り部」としての講演は２００６年2月までに１１２５回になった。「これでやめる」と宣言したが、その後も講演依頼が相次いだため、まもなく再開し、昨年（２００９年）暮れまで続いた。本多さんによれば、出前噺はそれまでに１３１４回、出前先は全国47都道府県に及んだ。噺を聴いてくれた人は約15万人にのぼった。

反戦市民グループ「声なき声の会」が毎年6月15日に東京で開く「6・15声なき声の会」例会には必ず姿をみせ、自らの戦争体験を語った。

ここ10数年は紀伊半島南部の和歌山県みなべ町に住み、そこから全国各地へ出かけた。「私が講演を通じて戦争を知らない世代に伝えたことはただ一点、つまり、戦争とは、人間にとって別れと死だということでした」

この間、「戦争中、中国で、上官に命ぜられるままに無抵抗の捕虜を刺殺した」と告白。2005年5月には中国の上海宝山抗日戦争記念館と抗日戦争烈士墓を訪れ、墓前にひざまづいて謝罪した。

それればかりでない。1980年には、自らが編集長を務める手書きの新聞『わんぱく通信』を創刊し、昨年暮れまで発行を続けた。発行期間はなんと30年に及んだ。

9条の精神を世界に

2008年8月、日本国憲法第9条の精神を世界に輸出しようと思い立つ。「日本国民は内向きの傾向が強いせいか、これまで、9条を守ろう、とばかり言ってきた。これからは、9条の精神を世界中に広げてゆかねば」

これを思い立ったきっかけは、中国での体験だった。中国には何回も出かけた。その度に、学生や市民ら一般の人たちと話す機会があった。が、日本に戦争放棄・戦力不保持をうたった憲法9条があることを、ほとんど誰も知らなかった。ショックだった。「これは、護憲派と称してきたわれわれの怠慢であったと痛感した。９条を守るのではなく、むしろ９条で攻めなくては。日本は車の代わりに９条を輸出しなければ。そう思ったんです」

何事も言い出しっぺがやるべきだ、というのが本多さんのモットー。９条を世界に輸出する運動もまず自分から始めようと決めた。最初の訪問地はパリにした。若いころからフランス文化が好きで、パリに憧れていたということもあった。パリの街頭で、仏訳の憲法９条を印刷したチラシをパリ市民に手渡し、「フランスも日本国憲法第９条と同様の規定をもつ憲法をつくってほしい」と訴えることにした。フランスの次は英国と決めた。

昨年（２００９年）年初めから具体的な準備を進め、日程は６月１日から10日間と決まった。旅行社との契約も済んだ。在日のフランス人ジャーナリストの協力で第９条の仏訳もできた。パリ滞在中に世話になる通訳のめどもついた。必要な費用も本多さんの壮挙に感激した全国各地の多くの人びとからのカンパでまかなえる見通しがついた。同行記者の派遣を伝えてきた放送会社もあった。

ところが、昨年４月22日、妻マサさん（84歳）が死去。「生涯正直律義に過ごした妻のために１年喪に服したい」と、本多さんは急きょパリ行きを延期した。

本多さんは、『わんぱく通信』（09年５月号）に「全国の皆さまから身に余るご理解、ご応援をいただき、当人もこれを一生最後の仕事と考えていましただけに非常に残念、また申し訳なく存じております。この上は、来年６月、再度挑戦の覚悟でおります」と書いた。

こうして、今年（２０１０年）６月に再挑戦すべく準備を進めてきたが、昨年暮れから、急に心身不調となり、その後も体調は回復せず、ついに命尽きた。

再挑戦を前にしての体調不良は、本多さんにとってよほど残念な事態であったようで、私あての2月12日付手紙には「医師の診断を受けました処、腎臓はじめ内臓器官殆どギリギリの状態に消耗、何時倒れても不思議はない、という状況と説明されました。96歳という歳はそういう歳なのです、と言われ、がっくりしました。とても本年6月のパリ行きも実行不可能。こういうことなら昨年老妻の死にこだわらず実行しておけばよかったという思いしきりです」「何とかこの峠をのりこえ、来年再々挑戦したい」とあった。

病床で最期を迎えた本多さんの心に去来したものは何だったろうか。

海外で「日本国憲法9条手渡し運動」を進めようという本多さんの発案は、日本の護憲運動の中では極めてユニークな提案である。本多さんは、フランスの後、世界各国でこの運動を進めようと考えていたようで、すでに9条の各国語訳を専門家の協力を得てすませていた。それは、仏訳の他、英語、ドイツ語、スペイン語、ポルトガル語、ロシア語、中国語、インドネシア語、タガログ語、ベンガル語、マレー語、タミル語、韓国語、エスペラント語の14言語にのぼる。

本多さんの活動に共鳴していた和歌山県在住の女性は「9条手渡し運動は、やろうと思えばだれでもできる運動だ。まして、本多さんが9条の各国語訳を残してくれたので、後は私たちの決意次第だ。私もできる範囲でやってみようと思う」と話している。

〔リベラル21・2010年6月5日〕

愛称は「革命の寅さん」

樋口篤三

２００９年12月26日、樋口篤三（ひぐち・とくぞう）さんが亡くなった。81歳だった。いわゆる著名人ではなかったが、左翼運動、労働運動、協同組合運動などの一部の人たちの間では良く知られた人物で、ファンも多かった。樋口さんを慕っていた人たちや、その死を惜しむ人たちが発起人となった「樋口篤三さんの見果てぬ夢を語るつどい」が、今年（２０１０年）２月６日、東京で開かれる。

『めしと魂と相互扶助』

ご本人によれば、樋口さんの経歴はこうだ。

１９２８年、静岡県沼津市で生まれ育つ。44年、海軍甲種飛行機予科練習生。戦後、横浜高商（現横浜国立大）卒。47年民主革命に参加。48年３月産別・東芝堀川町労組書記局。以後、京浜労働運動、川崎生協、日本共産党専従などの中で、党から２回除名、資本などから５回首切り。１９７５年〜86

年「季刊労働運動」代表、「労働情報」編集人・全国運営委員長。その後は、協同社会研究会共同代表、東久留米市民自治研究センター理事長、キューバ友好円卓会議共同代表、日本労働ペンクラブ会員等を務める。

戦時中、特攻隊員を養成した「予科練」を自ら志願したというから、熱烈な「軍国少年」「皇国少年」だったのだ。それが、敗戦後は一転して革命運動に飛び込み、亡くなるまで一貫して左翼政党、労働組合、協同組合といった運動に身を置いた。いわば、「革命」を目指して生きた一生だったといってよい。自らも「革命家」と称していた。

戦争直後、樋口さんが目指した「革命」は、当時の左翼青年が皆そうであったように、日本にも社会主義を実現することであった。しかし、その後、社会主義陣営の対立（中ソ対立）、ひいては社会主義の総本山とされたソ連と東欧の社会主義諸国が崩壊するという事態に直面したことから、樋口さんが目指す「理想の社会」の内容も変わっていった。

樋口さんが２００１年に発表した論考『めしと魂と相互扶助』には、こんな記述がある。

「橋本内閣の『二一世紀の日本社会がめざすべき社会』は経済と同じく米国であった。そのモデル社会は、九〇年代好況が続き、マイクロソフト社のビル・ゲイツの資産十兆円を先頭に大富豪（群）を生んだが、労働者所得は六八年水準に落ち、健康保険に入れない層が四千万人以上という貧富格差、弱肉強食社会が頂点に達した。日本はどんな社会をめざすのか。この五～一〇年の闘いが次の半世紀の行方を決する。国民国家に対する市民社会の成熟という世界的潮流はより強まっていく。その中で地域社会における市民自治、職場社会の労働者自治を両輪とする協同労働・相互扶助社会、協同社会こそめざす社会である」

どうやら、地域における市民同士の助け合い（各種の協同組合）、労働現場での協同労働（労働者協同組合・ワーカーズコープ）を基盤とする自主管理型の社会を「日本がめざすべき社会」と考えるに至ったようだ。

そのためだろう。請われれば、いや請われなくても、どこへでも気軽に出かけて行き、協同組合運動と労働運動の強化を熱っぽく説いた。

樋口さんと親交のあった、フリーランサーの大窪一志さんは著書『風はキューバから吹いてくる』（同時代社、1998年）の中で、樋口さんを「革命の寅さんであるだけでなく、現代のドン・キホーテの面影を宿している」と描写している。どこへでも出かけて革命を熱心に説いてやまない姿が、渥美清さんが演じた映画『男はつらいよ』のフーテンの寅さんに似ており、こんな日本社会にあってもなお革命を信じて全力疾走する姿が、時として現代のドン・キホーテにみえた、ということだろう。気さくな人柄もこうした呼び名を生んだ一因かもしれない。

キューバ友好運動にも情熱を燃やす

この著書でも明らかにされているが、樋口さんは1998年2月、生協関係者を中心とする総勢13人の「生協・協同組合交流団」を率いて、キューバを訪問した。樋口さんの狙いは、キューバに生協や生産協同組合をつくらせることだった。不振が続くキューバ経済を立ち直らせ、発展させるにはこの国に協同組合をつくらせるのが効果的、と考えたのだった。樋口さんは交流団との会見に現れたホセ・ラモン・バラゲル共産党政治局員に長時間にわたって持論を展開し、協同組合の設立を勧めた。

それから12年。キューバからは協同組合ができたとのニュースは流れてこないが、この時の「生協・協同組合交流団」のキューバ訪問は、注目すべき二つのことを生み出した。一つはパルシステム生活協同組合連合会とキューバの間で取引が始まったことだ。キューバ産のコーヒーやハチミツが同連合会を通じて輸入されている。

もう一点は、新たなキューバ友好運動が形作られたことだ。それまでの日本におけるキューバとの友好運動は、革新政党と友好的な関係にある団体によるものだった。が、「交流団」が帰国後、樋口さんが超党派の新たな友好運動を提唱、それを受けて、キューバとの友好を目指す個人・団体が加わる「キューバ友好円卓会議」が2003年9月に結成された。同会議は、その後毎年、医療、教育、農業、音楽などキューバの現状を紹介するフォーラムを開催しており、会員も増え続けている。すっかり定着した感じだ。

右側はキューバの英雄、チェ・ゲバラの長女のアレイダ・ゲバラさん。2008年5月に初来日した際、駐日キューバ大使館で開かれたレセプションで。中村易世さん撮影

新たなキューバ友好運動の広がりは、樋口さんの功績の一つと言っていいだろう。

9年前、食道がんで大手術。快復したものの、その後、がんがあちこちに転移し、何度も手術

を余儀なくされた。が、その度に奇跡的に生きながらえ、周辺の人たちは「フェニックス・樋口」と呼び、その生命力に驚嘆した。最後は前立腺がんだった。

驚異の闘病生活を支えていたのは「革命」への執念だったかもしれない。

［リベラル21・2010年1月25日］

名作「ノンちゃん雲に乗る」に秘めた恋

石井桃子

新聞の広告欄には関心があるが、そこに載る文芸誌の広告に目が向くのはまれだ。が、昨年（2012年）暮れ、雑誌『新潮』（2013年1月号）の広告が目に止まった。そこに「評伝　尾崎真理子『石井桃子と戦争』（前編）」とあったからだ。さっそくそれを買い求めた。翌月、『新潮』（2013年2月号）を買った。もちろん、評伝の後編を読むためだった。

「石井桃子と戦争」

この評伝を読みたかったのは、今から30年前に石井桃子（いしい・ももこ）さんに会ったことがあるからだった。それに「石井桃子と戦争」というタイトルに惹かれた。というのも、私の記憶の中の石井さんは戦争と分かちがたく結びついていたからである。

私が東京・杉並区荻窪に一人住まいしていた石井さんを訪ねたのは1983年1月21日のことだ。

当時、朝日新聞は『新人国記』を連載中。都道府県ごとにそこを出身地とする著名人を紹介する続きもので、私は岩手県と埼玉県を担当した。埼玉県の取材で石井さんを訪れたわけだが、それは彼女が浦和市（現さいたま市）生まれだったからだ。

当時、75歳。児童文学の第一人者としての名声が高く、とりわけ『ノンちゃん雲に乗る』の作者としてよく知られていた。私も、女の子ノンちゃんが主人公のこの作品を読んでいたし、鰐淵晴子主演の映画も観ていたから、インタビューを前にして心が躍った。

彼女の話で最も印象に残っているのは、『ノンちゃん……』執筆の動機と刊行のいきさつだ。

１９２８年に日本女子大英文科を出て文藝春秋社や新潮社で働いた後、英米の児童文学の翻訳に携わった。しかし、日本は果てしなき戦争に突入し、英米の児童文学は「敵性国家の本」という理由で出版してもらえなくなった。「食えなくなったため」、敗戦の日（１９４５年8月15日）に友人を頼って宮城県鶯沢町（現栗原市）へ入植し、開拓に従事する。酪農を思い立ったが、牛を買うお金がない。そこで、戦争中、出版のあてがないまま書きためていた原稿をわら半紙に清書して、小さい出版社に送ったら、出版してくれた。１９４７年のことだ。印税で牛を買った。それまで書きためていた原稿、それが『ノンちゃん……』だった。

「あのころ、子どもたちは忠君愛国ばかり聞かされて。そんな教育はよくないと思っていた。で、そういうことから離れて子どもの世界を描いてみたかった。私がこの作品で言いたかったのは、人間はみんな同じ、人間に上下はない、ということでした」

「それにね、周りに戦場に向かわねばならない青年たちがいた。兵隊に行くのが嫌な青年もいた。彼らが読んで心が和むようなものを書きたかった」

もちろん、その原稿は戦時中はどこも出版を引き受けてくれなかったから、少数の友人の間で回し読みされただけだった。

過ちを贖うために自らに課した過酷な労働

「評伝　尾崎真理子『石井桃子と戦争』」は読み応えがあった。初めて知ったことがたくさんあったが、とくに二つの記述に鮮烈な印象を受けた。

一つは、『ノンちゃん……』が恋人への思いをきっかけに生まれた作品で、軍隊生活に苦しむ恋人に宛てて書かれた「お話」だった、という記述である。恋人は大阪帝国大学理学部で物理学を学んだ青年だったという。それは、私が彼女から聞いた「兵隊に行くのが嫌な青年もいた。彼らが読んで心が和むようなものを書きたかった」という言葉に符号する。

もう一つは、東京から遠く離れた東北での開拓は、彼女が自らに課した過酷な労働であって、それは戦争中に犯した過ちを贖《あがな》うためのものではなかったか、という指摘だ。尾崎は書く。「『日本少国民文化協会』の幹事に加わり、短い一編ではあれ、国策に協力したと言われる童話を書き、大政翼賛会にかかわったことの罪を、石井が重く自覚していたことは間違いない」。当時の社会情勢から彼女もまた戦争に協力せざるを得なかったが、そのことへの贖罪《しょくざい》を彼女なりのやり方で実行したのでは、というのだ。

私は、石井桃子の生涯をもっと知ってみたいという思いにかられた。

［岡谷市文化会館カノラホールソサエティ発行の「カノラホールソサエティ」１４０号］

反戦放送の長谷川テルの紹介で功績

澤田和子

2007年11月8日、大阪駅に近い大阪弥生会館で、ある女性平和活動家を偲ぶ集いがあった。100人近い参会者には大阪府下の人びとが多かったが、東京や広島から駆けつけた人もいた。女性誌『あごら』は彼女の生涯を紹介する特集号を特別に制作し、集いに間に合わせた。つきあいのあった人たちが口々に彼女の功績を讃え、彼女の活動を引き継ぐことを誓ったが、いずれもその早過ぎる死を惜しんだ。

「平和運動のプロデューサー」

彼女の名は、澤田和子（さわだ・かずこ）さん。大阪市東淀川区で損保の代理店を営みながら、反核平和運動、護憲運動、女性の権利擁護運動、国際交流活動などに関わっていたが、2007年1月、脳出血で倒れ、7月23日、多臓器不全で死去した。68歳だった。

仕事のかたわら、女性仲間と近代女性史の学習に励んでいた澤田さんが、社会的な活動に加わるようになったのは1980年代の半ばから。最初は原爆被爆問題に関心をもち、1989年には、大阪市原爆被害者の会婦人部などがベルギーで開いた、米国の原爆投下を裁く「原爆国際法廷劇」に参加した。その後は、平和問題全般に関心を深め、1991年には広島県大久野島の毒ガス工場跡を見学。1996年に「憲法9条を世界へ未来へ－近畿地方連絡会」（9条連・近畿）が結成されると、その世話人となった。1999年には、オランダのハーグで開かれた第3回国際市民平和会議に大阪弁護士会・平和問題懇話会の弁護士とともに参加し、日本国憲法第9条の先駆性を訴え、大久野島毒ガス資料館を紹介するなどした。

その類い希な行動力と豊富なアイデアから、活動仲間から「平和仕掛け人」とか「ピースプランナー」とか「平和運動のプロデューサー」と呼ばれた。「『楽しく元気にやらなくっちゃ』が澤田さんの口ぐせ。とにかく、どんどん構想が膨らむ。そして、周りの人たちをぐいぐい引っ張ってゆく。あのような迫力は、とても私には出せない」。9条連・近畿の世話人で元財団法人大阪国際平和センター（ピースおおさか）事務局長の有元幹明さんは、「偲ぶ集い」でそう讃えた。

テルのことを多くの人に伝えたい

中でも、彼女を知る人たちが一致して讃える澤田さん最大の功績は、長谷川テルに関する研究である。

長谷川テルはエスペランチストで、エスペラント名はヴェルダ・マーヨ。山梨県出身。教師を志して奈良女子高等師範学校（現奈良女子大）に進学するが、１９３２年、左翼団体への弾圧事件に巻き込まれて逮捕され、退学処分となる。やがて、東京高等師範学校（現筑波大）に留学していた中国人エスペランチストの劉仁と出会い、結婚する。劉仁は、当時祖国で高揚しつつあった抗日救国運動に加わるべく帰国。テルも夫の後を追って１９３７年、特高の監視の目をかわして日本を脱出し、中国へ渡った。

テルは「緑川英子」のペンネームで夫とともに抗日運動に参加し、中国がおこなった対日放送で、日本語で日本国民に反戦に立ち上がるよう呼びかけた。日本の新聞は「嬌声賣國奴の正體はこれ」「赤くづれ長谷川照子」と報じた。

日本敗戦後、夫とともに夫の郷里の東北部（旧満州）へ移るが、１９４７年、妊娠中絶の手術がうまくゆかず死亡。34歳だった。劉仁もまもなく病死。後には幼い長男劉星と長女劉暁嵐が残された。

右から澤田和子さん、俳優の栗原小巻さん、長谷川テルの遺児・長谷川暁子さん（1992年8月26日、大阪府八尾市で）

澤田さんが「長谷川テル」に出会ったのは１９９１年のことだ。この年、澤田さんは友人から大阪に在住していた長谷川暁子さんを紹介された。彼女はテルの遺児、劉暁嵐さんだった。劉暁嵐さんは日本の大学に留学した後、90年から大阪の私立大学で中国語を教えていたのだった。日本国籍を取得して「長谷川暁子」を名乗るようになっていた。この時、その友人から「これから中国の大学に留学するので、私の留守の間、暁子さんの相談相手になってほしい」と頼まれた。

これを機に澤田さんは暁子さんの〝後見役〟を引き受ける一方、テルの生涯について調査、研究を始める。やはりテルの生き方に関心をもつ弁護士の坂井尚美、演出家の木田日登美、名城大学非常勤講師の吉田曠二の各氏らと研究グループをつくり、テルの足跡を求め2回にわたって中国を訪問した。「テルに対する打ち込みようを知る人たちは「テルの研究が澤田さんのライフワークとなった」と語る。「テルのことを多くの人に伝えたい」と、講演にも積極的だった。「私は、テルについての『語り部』なのよ」。そう語ったものだ。80年に日中合作で制作された、テルを描いたテレビドラマ『望郷の星』(栗原小巻主演)のビデオ上映にも熱心だった。

研究グループの間でテルについて共同で執筆する本の出版計画が持ち上がり、2007年6月末までに出版することが決まった。作業が進んでいる中での、澤田さんの突然の発病。本は澤田さん死去直後の8月半ばに刊行された。「長谷川テル」編集委員会編の『長谷川テル』(せせらぎ出版)である。澤田さんの遺稿となった「長谷川テルの足跡」も収められている。「偲ぶ集い」は同書の出版記念会を兼ねた催しとなった。

「偲ぶ集い」に出席した長谷川暁子さんは「和子さんはいつも私についていてくれた。私は引っ込み思案で、人に会うのも臆病。日本語が下手なこともあって、閉じこもりがちだった。そんな私を和子さんはいろいろなところへ連れて行ってくれた。おかげで、いろいろな人を知ることができたし、楽しいことがいっぱいあった」とあいさつした。

［リベラル21・2007年10月14日］

初めて日本の「加害責任」に言及した被爆詩人

栗原貞子

１９９９年2月、米バージニア州のニュース博物館「ニュージアム」は米国のジャーナリストらによって選ばれた20世紀の「１００大ニュース」を発表したが、その第1位は「広島・長崎への原爆投下」であった。また、同年３月２日付の朝日新聞によると、ニューヨーク大学ジャーナリズム学部で36人の審査員が「20世紀の傑出した１００の報道」を選んだところ、ニューヨーカー誌のジョン・ハーシー記者が１９４６年に書いた原爆投下に関する記事『ヒロシマ』が第1位だったという。

米国のジャーナリズムから見ると、広島・長崎への原爆投下が20世紀最大のニュースだったというわけである。別な言い方をするならば、広島・長崎の両都市とそこの市民が被った原爆被害こそ、世界史上まれにみる出来事であったということだろう。

『生ましめん哉――原子爆弾秘話』

広島・長崎に現出した、核兵器によるかつてない非人道的な悲惨な状況をこれまで内外に伝え続けてきたのは、筆舌に尽くせない悲惨な経験をした被爆者による証言のほか、新聞・テレビなどマスメディアによる報道、文学・写真・音楽・絵画・映画・演劇などの文化的作品、反核平和運動関係者による報告や啓蒙活動などである。

とりわけ、文学が果たしてきた役割は極めて大きいと言っていいだろう。文学が描き出した被爆の実相は世界の人々の心を揺さぶり、核に対する洞察を深化させた。ヒロシマについて言えば、栗原貞子（くりはら・さだこ）、正田篠枝、大田洋子、原民喜、峠三吉らの作品が目に浮かぶ。いずれも、広島原爆の惨禍をリアルに描き出した作品で、ヒロシマの意義を内外に広く伝える上でかけがえのない重要な役割を果たしてきたが、ここでは、栗原貞子さんの作品について述べてみたい。

広島に栗原貞子という被爆詩人がいることは若いころから知っていた。広島の少年少女の手記を集めた『原爆の子』を1951年に岩波書店から刊行した、被爆者で広島大学教授の長田新が、私の出身高校（長野県諏訪清陵高校）の先輩ということもあって、早くから、広島原爆について関心を抱いていたからだ。しかし、信州は広島から遠く、学生時代も東京で過ごしたから、栗原さんの詩に特別関心をもつということはなかった。

が、栗原さんの存在がより身近に感じられる機会が偶然やってきた。1966年から毎年、8月6日を中心に広島を訪れるようになったからだった。そのころ、私は朝日新聞東京本社社会部の記者で、部長から平和運動担当を命じられたのだ。広島では、主に原水爆禁止大会の取材にあたったが、そのかたわら、原爆資料館を見学したり、被爆者や平和運動のリーダーに会って話を聞いたり、数多くの慰霊碑や被爆建造物などを訪ねたりした。広島原爆に関するさまざまな文書や資料にも目を通した。

その中で、栗原さんの詩に触れる機会があった。時には、原水爆禁止大会の会場で自作の詩を朗読する栗原さんの姿を遠くから眺める機会にも恵まれた。

こうした経験を通じて、私は栗原さんの作品に惹かれていったわけだが、なかでも私の心をわしづかみにしたのは、『生ましめん哉――原子爆弾秘話』だった。

こわれたビルディングの地下室の夜であった。
原子爆弾の負傷者達は
くらいローソク一本ない地下室を
かずめていっぱいだった。
生ぐさい血の臭い、死臭，汗くさい人いきれ、うめき声。
その中から不思議な声がきこえて来た。
「赤ん坊が生まれる」と云うのだ。
この地獄のような底のような地下室で今、若い女が産気づいているのだ。
マッチ一本ないくらがりの中でどうしたらいいのだろう。
人々は自分の痛みを忘れて気づかった。

と、「私が産婆です。私が生ませましょう」
と云ったのは、さっきまでうめいていた重傷者だ。
かくてくらがりの地獄の底で新しい生命は生まれた。
かくてあかつきを待たず産婆は血まみれのまま死んだ。
生ましめん哉
生ましめん哉
己が命捨つとも

この詩は、1945年11月25日の作とされる。被爆当日の、広島の街のまさに地獄の底のような凄惨極まる状況のただ中にあってもヒューマンな至高の精神を失わなかった瀕死の被爆者をうたったものだ。原爆がもたらしたのは絶望だけではなかった。絶望の暗闇の中にも一条の希望の光があったことをうたったことで、この詩は生き残った人たちに勇気を与えた。まことに被爆詩人・栗原貞子さんの代表作というにふさわしく、私もまたこの詩を読んで、彼女に敬意を抱いた。

直接会って話をうかがってみたいと思ったが、取材でもないのに高名な詩人宅に出かけて行くことははばかられ、遠くから拝見するだけにとどめた。

が、これを機に、彼女の詩集やエッセイ集が出るたびにそれを入手して読んだ。『黒い卵（完全版）』（1983年、人文書院）、『栗原貞子詩集』（1984年、土曜美術社）、『ヒロシマ』（1985年、詩集刊行の会）、『青い光が閃くその前に』（1986年、詩集刊行の会）、『核なき明日への祈りをこめ

栗原貞子さん（内藤みどりさん提供）

て』（1990年、詩集刊行の会）、『問われるヒロシマ』（1992年、三一書房）などである。どれも、全編にみなぎる熱い反核平和の訴えに心打たれた。

彼女の詩はなぜ熱い訴えに満ちているのか。『黒い卵（完全版）』を読んで納得した。初版の私家版（検閲削除版、1946年発行）の「はしがき」にこうあったからである。

「詩というもの、詩人と云うものが軽蔑をもって迎えられ、喜劇の対象とさせられたのは何故であろうか。詩が単なる感覚的な美や、ひとりよがりの感傷や暗い憂鬱、病的な神経に映った非現実的なものの投射をもって詩の範囲としたからである。もし詩が特異な感情や幻想的な美をもって足れりとするならば、ヒステリー患者や精神異常者は偉大なる詩人であらねばならない。事実、彼等の描いた絵画や文書は非常に芸術に酷似しているにもかゝわらず、非芸術であるのは何故か」

「それは思想的な統一がないからである。単なる感傷や非現実的美を描くのだったら、ひっきょう詩は美しき饒舌に過ぎないだろう。人間の生活感情の背後には必ず人生の支柱である思想がある筈だ」

「感情は単なる感情ではない。封建的な感情は常に封建的な思想から湧き、自由な捉われない感情は自由な思想の中から生まれる」

そうだ、栗原貞子さんの詩は「思想に支えられた詩」なのだ。だから、人々を引きつけてやまないのだ、と思った。

「ヒロシマというとき」が与えた衝撃

新聞社での私の平和担当は20数年に及び、1995年5月に定年退職を迎えた。当時、私が在職した東京社会部では、一種の慣例があった。それは、希望すれば〝卒業論文〟を書かせてもらえることだった。すなわち、定年退職を前にした部員に自分の書きたいテーマがあれば書かせてくれた。だから、それまでの取材活動の「まとめ」をする意味を込めて記事を書いた記者も少なくなかった。私もこの〝卒業論文〟に挑戦した。

私がぜひ書きたかったテーマは「平和」と「協同」で、「平和」に関する〝卒業論文〟は1995年3月28日付朝刊から3回にわたって社会面に連載された。それは『被爆問題と報道――「広島・長崎」をどう伝えたか』というタイトルの続き物だった。

私がここで書きたかったのは、被爆問題の報道に携わってきた者としての自己批判と、平和運動、なかでも原水爆禁止運動への提言だった。

すでに述べたように、私の原水爆禁止運動取材はかなり長期にわたったが、その間、私の中で次第に強くなっていった思いがあった。それは「運動も、それを報道するメディアも、あまりにも被害者意識のみにとらわれていないか」という思いだった。ある時、シンガポールの新聞の東京特派員が、広島で開かれた生協の集会で「マレーシア人が、原爆投下をアジアへの侵略に対する（日本の）一種の天罰だと思っていることも知ってほしい。日本に原爆が落とされなかったら、戦争はもっと長引いていたと、マレーシア人はまだ言っている。被爆は自分にも原因があると言っているのだ。日本に原爆がなぜ落とされたかを立体的、複眼的に見てほしい」と話すのを聞いて、そうした思いはいっそう強くなった。

日本人の反核平和の叫びは、東南アジアの人びとには届いていない。それは、日本人が、原爆による被害だけを訴えることに急で、かつての戦争で日本が東南アジア各国・地域の人びとに被害を与えたことを日本人自らが反省していないからではないか。

そう考えた時、私の心を満たしたのは、栗原さんの「ヒロシマというとき」という詩だった。

〈ヒロシマ〉というとき
〈ああ　ヒロシマ〉と
やさしくこたえてくれるだろうか
〈ヒロシマ〉といえば〈パール・ハーバー〉
〈ヒロシマ〉といえば〈南京虐殺〉
〈ヒロシマ〉といえば　女や子供を
壕のなかにとじこめ
ガソリンをかけて焼いたマニラの火刑
〈ヒロシマ〉といえば

血と炎のこだまが　返って来るのだ

〈ヒロシマ〉といえば
〈ああ　ヒロシマ〉とやさしくは
返ってこない
アジアの国々の死者たちや無告の民が
いっせいに犯されたものの怒りを
噴きだすのだ
〈ヒロシマ〉といえば
〈ああ　ヒロシマ〉と
やさしくかえってくるためには
捨てた筈の武器を　ほんとうに
捨てねばならない
異国の基地を撤去せねばならない
その日までヒロシマは
残酷と不信のにがい都市だ
私たちは潜在する放射能に
灼かれるパリアだ

〈ヒロシマ〉といえば
〈ああ　ヒロシマ〉と
やさしいこたえがかえって来るためには
わたしたちは
わたしたちの汚れた手を
きよめねばならない

〝卒業論文〟では、なんとしてもこの詩を紹介し、日本の運動とメディアに「被害者意識一辺倒」からの脱却を訴えたいと考えた。そこで、95年3月7日、広島市安佐南区に住んでいた栗原さんを自宅に訪ねた。半年前に自宅近くの横断歩道を歩行中、突然飛び出してきたバイクに突き飛ばされ、骨盤を骨折して入院し、退院してきたばかり、とのことだった。

私の質問に栗原さんはよくしゃべった。大半が日米両政府への痛烈な批判や、日本社会の現状へのいらだちで、体中が憤怒の塊、といった感じだった。

「ヒロシマというとき」をつくった動機を尋ねると、彼女はこの詩をつくったのは1972年と明かし、こう語った。

「日本YWCAの幹事だった吉村澗子さんの話に触発されてつくりました。彼女は70年に米国で開かれたYWCAの世界総会に出席したが、その時、韓国代表が『広島に落ちた爆弾はすばらしい爆弾だった。なぜなら、日本帝国主義による植民地支配から私たちを解放してくれたのだから』と話したそうです。吉村さんは、それに大変ショックを受けたということでした」

「米国の原爆使用は絶対に容認できません。でも、広島・長崎の悲惨を訴えるだけではアジア・太平洋の人々の共感を得られないのではありませんか。日本が過去にやったことを反省し、再び軍事大国にならないという決意を示した時、初めて広島の心は受け入れられる。そう思ったのです」

詩「ヒロシマというとき」の一部と栗原さんの談話は、続き物の最終回に掲載した。〃卒業論文〃を栗原さんの詩と談話で締めたのだった。

栗原さんが、その詩「ヒロシマというとき」で提起したのは、被爆問題を考えるにあたっては「被害」と「加害」の両面から、つまり、複合的にみてゆくことが必要、ということであったと思う。私が知る限り、ヒロシマをこうした視点からみてゆこうと提起した文学者は、栗原さんのほかにはいなかった。この詩がつくられてから40年余。原爆被害は「被害」と「加害」の両面からみてゆこうという方向が、運動とメディアでようやく定着しつつある。

栗原さんの詩作活動は、まことに先駆的であった。まさに、「ヒロシマ」を考察する上で初めて日本の「加害責任」に言及した詩人であった。その先進的な業績に改めて深い敬意を表したい。

［広島文学資料保全の会発行の「人類が滅びぬ前に　栗原貞子生誕百年記念」］

持続する反戦市民運動の実践者

小林トミ

「やっと、一部のメディアが彼女を思い出してくれたか」。このところ、私は、そんな感慨に浸っている。「彼女」とは、今から55年前にごく普通の市民の1人として反戦平和のために立ち上がり、病没するまで43年間にわたって運動を続けた小林トミ（こばやし・とみ）さんである。安倍政権がしゃにむに成立を図った安保関連法案に反対する市民的な運動が高揚するのを見て、そうした運動の先駆者である小林トミさんがもっとクローズアップされていいのでは、と思っていただけに、一部メディアにおける彼女の登場は、私にとってうれしいニュースだ。

「声なき声の会」を結成

1960年6月、東京都心は騒然たる雰囲気に包まれていた。自民党の岸信介内閣が米国政府との間で結んだ新安保条約案（日米安保条約を改定したもの）の承認を国会に上程。これに対し、社会党

（社民党の前身）、共産党、総評（労働組合の全国組織。1989年に解散）、平和団体などが「新安保条約案では、日本が相互防衛義務を負うことになり、自衛隊は米軍に対しより一層協力しなければならなくなる」「そうなると、日本が戦争に巻き込まれる危険性が増す」などとして、安保改定阻止運動を起こしたからだった。5月20日には自民党が衆院本会議で新安保条約案を強行採決したことから、国会周辺には連日、これに抗議する人たちがつめかけた。抗議デモの中心は労組員や学生だった。

そんな中、6月4日、東京・虎ノ門の街頭に一片の横幕がひるがえった。そこには「総選挙をやれ!! U2機かえれ!! 誰デモ入れる声なき声の会 皆さんおはいりください」と書かれていた。安保改定阻止のデモ参加を呼びかける横幕で、掲げていたのは画家の小林トミさんと、映画助監督の不破三雄さんだった。

小林さんは当時、30歳。千葉県柏市の自宅から都内に通い、子どもたちに絵を教えるかたわら、評論家・鶴見俊輔らが始めた思想の科学研究会の会員として活動していた。

小林さんも政府のやり方にじっとしていられなくなり、抗議デモに加わろうと思った。が、労組員でないからデモのやり方も知らない。そこで、「じゃあ、普通のおばさんも気軽に歩けるようなデモをやってみよう」と、デモで掲げる横幕を研究会仲間の手を借りてつくり、それを持って他団体のデモが出発する虎ノ門にやってきたのだった。そこには、研究会仲間の不破さんが来ていて、2人はデモの最後尾について歩き出した。

横幕に「声なき声の会」と書き入れたのは、岸首相の発言を意識したからだった。首相が安保改定阻止のデモについて「私は『声なき声』にも耳を傾けなければならないと思う。いまあるのは『声あ

「声なき声の会」の集会でチラシを配る小林トミさん＝遺族提供

る声』だけだ」と述べ、「声なき声」、すなわち国民世論は政府の政策を支持しているのだ、と言明したのに対し、小林さんらは「声なき声」も抗議の声をあげていることを態度で示そう、と思ったわけである。

　歩き始めると、沿道の歩道にいた一般市民が次々とデモの隊列に入ってきた。国会近くを通り、新橋で解散したが、その時、デモ参加者は３００人以上にふくれあがっていた。さまざまな職業の人たちだった。

「またこのようなデモがあったら教えてほしい」との声があがり、小林さんが紙切れを回すと、２００人もの名簿が出来上がった。会の名は「声なき声の会」と決まった。

声なき声の会のデモはその後、7月まで5回にわたって行われた。参加者は毎回、５００～６００人にのぼった。デモの中にはいつも小林さんの姿があった。会員の意見交換の場として創刊した冊子『声なき声のたより』は、３５００部に達した。

いまも続く「6・15記念集会」

安保改定阻止運動は国民各層に広がり、6月15日には、全国で労組による抗議ストが行われ、５８

0万人が参加。その後、11万人が国会周辺につめかけた。その夜、全学連主流派の学生が国会構内に突入して警官隊と衝突、その混乱の中で、東大生樺美智子さんが死亡。この事件（6・15事件）は内外に衝撃を与え、岸内閣はアイゼンハワー米大統領の訪日中止を決めた。が、新安保条約は6月19日に自然承認となり、同月23日には日米両国政府によって批准書交換が行われ、発効した。

条約は1970年に10年の固定期限切れを迎えたが、日米両政府から破棄通告はなく、その後毎年、自動延長され、現在に至っている。

小林さんは6・15事件から1年後の61年6月15日、樺美智子さんが亡くなった国会南通用門を訪れた。事件直後、そこは樺さんの死を悼むおびただしい人々と花で埋まっていたのに、1年後はわずか20人ばかり。小林さんが受けたショックは大きかった。「日本人はなんと熱しやすく冷めやすいことか」。

小林さんは、決意する。「安保条約に反対する運動をこれからも続けてゆこう。樺美智子さんのことも決して忘れまい」。以来、小林さんは毎年6月15日には声なき声の会会員とともに「6・15記念集会」を開いた後、国会南通用門を訪れ、献花するようになった。やがて、小林さんは声なき声の会の世話人となり、会の継続に力を注ぐ。

1960年にピークに達した安保反対運動はその後、退潮に向かう。それにともなって6・15記念集会の参加者も減り続けた。1982年には参加者が7人になり、会を解散しようという声も出た。しかし、小林さんは「のたれ死にするまで、やれる人がやればいい。私はやる」と言って、会をやめなかった。「それで、その後も会が続いてきたんです」と同会会員は言う。

小林さんは２００３年に病気で死去、72歳だった。その後も、６・15記念集会は彼女の遺志を継ぐ人たちによって毎年続けられている。このところ、集会の参加者は30～40人。小規模な集会だが、こんなに長く続く反戦平和を目指す集いは他にはない。

「生活に根差す運動」

小林さんの運動は、それまでの社会運動と比べて三つの点で際だっていたと私は思う。まず、その運動が組織などから命令されたり指示されたものでなく、あくまでも個人の自発性に基づいたものであった点。第二は口舌の徒でなく、必ず行動をともなったものであった点。第三は長く継続する運動であった点だ。

それに、彼女は「運動では無理をしない」を信条にしていた。それは、自分は運動家としてではなく、普通の一般市民の日常生活の一部として反戦運動をしているのだという自覚に基づいていた。「日常生活の一端としての運動なんだから、無理をしないことが肝要。そうしないと、運動は長く続きませんよ」。ある時、彼女がもらした言葉だ。

要するに、戦後の反戦市民運動の原型は小林トミさんによってつくられたと言ってよい。市民が主体の反戦運動でこれまで最も規模が大きかったのは、１９６５年から74年まで活動したべ平連（ベトナムに平和を!市民連合）である。そのべ平連結成で母胎となったのが声なき声の会だった。べ平連も「個人原理」に基づく運動であった。そうしたことを考えると、小林さんと声なき声の会が日本の反戦運動で果たした役割の大きさが分かろうというものだ。にもかかわらず、小林さんの死後、彼女の活動がメディアで取り上げられることはなかった。

さて、その小林さんが久しぶりにメディアに登場したのは、今年（２０１５年）９月18日付の東京新聞朝刊一面のコラム『筆洗』である。コラムは「雨の夜、国会議事堂を取り囲む人の波に揺られながら、一人の女性の歩んだ道に思いをはせた」と書き出し、55年前に新安保条約の強行採決に抗議して友人と２人でデモを始めた小林さんを紹介。そして「抗議の大波が消えても、彼女は日常生活を大切にしながら、声を上げ続けた」「彼女にとって、強行採決は終わりでなく、始まりだった」と、彼女の持続性を讃えていた。

９月18日といえば、安保関連法が成立した日の前日である。コラムの筆者としては、同法の成立を見越し、同法案の廃案を求めて運動を続けてきた市民に、成立後も運動を継続するよう期待したのだろう。

さらに、９月25日に岩波書店から刊行された、栗原彬編『ひとびとの精神史第３巻　六〇年安保――１９６０年前後』に小林さんが登場した。ここには、１９６０年前後に社会的に注目を集めた日本人13人の評伝が収められているが、その１人に小林さんが選ばれている。筆者は天野正子・お茶の水女子大名誉教授。

天野教授は彼女がやってきたことを「生活に根差す運動」と位置づけ、「日常生活のテンポで考え、『ふつうの人』として誰にもできる形を示す――その可能性にかけようとした。いいかえれば生活人として自分の都合を優先する、『弱い個人』の運動であることを前提に、行動を組んでいくのが、小林のスタイルだった」と述べている。

安保関連法案の廃案を求めてきた市民たちは、今後は安保関連法の廃止を求める運動を続けるとしている。それは、長期にわたる運動となるに違いない。ならば、持続する運動が求められる。だとしたら、小林さんの経験から多くの示唆を得ることができるのではないか。

［リベラル21・２０１５年10月8日］

戦時中に反戦映画をつくった監督

木下恵介

それは、映画監督木下恵介（きのした・けいすけ）との62年ぶりの邂逅《かいこう》であった。

２０１３年６月６日、私は東京・東銀座の「東劇」の観客席に身を沈めながら、劇映画『はじまりのみち』の上映を固唾を飲んでのんで待っていた。「木下恵介生誕１００年記念映画」と銘打った作品で、若き日の木下恵介監督を実話に基づいて描いたものだった。監督は原恵一。出演は加瀬亮、田中裕子ら。

感動的な『陸軍』のラストシーン

あらすじはこうだ――時は太平洋戦争中。映画界は政府から戦意高揚の国策映画づくりを要求された。木下が１９４４年に監督した『陸軍』は、その役割を果たしていないとして軍部からにらまれ、次の映画製作を中止させられてしまう。嫌気がさした木下は松竹に辞表を出し、脳貧血で倒れた母が療養していた静岡県気賀町（現浜松市北区）へ向かう。

　木下は浜松市の生まれ。気賀町はその郊外に広がる農村だったが、戦局は悪化の一途をたどり、そこも安全な場所でなくなる。木下は母をさらに山奥の気多村（現浜松市天竜区）へ疎開させることを決め、45年夏、リヤカーに寝たままの母を乗せ、兄、便利屋とともに山を越え、谷を渡る。途中、猛暑や激しい雨に襲われる……。

　映画の途中、『陸軍』のラストシーンが挿入される。それは、出征するわが子を街頭で追う母の姿を延々と撮り続けたもので、必死で走る母は兵士たちを見送る群衆とぶつかって転ぶ。行軍の列から引き離された母は、両手を合わせて戦場に旅立つわが子の後ろ姿を伏し拝む。この母を演じたのは、当時の人気俳優・田中絹代。

　このシーンに私は釘付けとなり、涙腺がゆるむのを抑えることができなかった。「まさに戦時下につくられた反戦映画と言ってもいいのではないか」。そう思わずにはいられなかった。

　私にとってこの作品の公開が待ち遠しかったのには理由がある。それは、まず、私がかつて木下監督の映画に〝出演〟したことがあったからだ。

　私は1951年4月、長野県諏訪清陵高校（旧制諏訪中学）に入学したが、入学早々、学校で松竹映画のロケがあった。木下監督の『少年期』の撮影だ。児童心理学者・波多野勤子の長男が戦時中、東京から諏訪に疎開し、諏訪中学で学んだ。母勤子と交わした往復書簡が戦後に刊行され、ベストセラーに。それを原作につくられたのが『少年期』で、母勤子に田村秋子、父親に笠智衆、長男に石浜朗が扮した。長男が東京の中学で学んでいた時の先生役が三國連太郎だった。

この映画に私も登場する。教室で石浜朗をいじめる同級生の役だ。諏訪清陵高校でのロケを野次馬気分で見物に行ったら、エキストラに採用された。木下監督は当時38歳。その演出はまことに厳しく、私は度重なるNGに泣いた。あまりにも下手くそな演技に自己嫌悪に陥り、恥ずかしさのあまり、私は長い間、『少年期』を観るのを避けてきたほどだ。

しかし、それを機に私は木下作品のファンになり、これまで、そのほとんどを観てきた。『善魔』『カルメン故郷に帰る』『カルメン純情す』『日本の悲劇』『女の園』『二十四の瞳』『野菊の如き君なりき』『喜びも悲しみも幾歳月』『この天の虹』『この子を残して』……なかでも、私は、戦争にのみ込まれてゆく瀬戸内海・小豆島の小学校分教場の子どもたちと女教師を描いた『二十四の瞳』に代表されるような、平和を願う庶民の思いを叙情豊かに描いた作品が好きだ。

このような経緯があったので、私は木下監督との〝再会〟を果たしたくて『はじまりのみち』の公開を待っていたのだった。

この作品の公開を待ち望んでいた理由は、他にもある。それは、木下惠介の偉大さが再評価される時代がようやくやって来たなとの感慨を抱いたからだった。木下作品を数多く観てきた私は、木下こそ黒澤明とともに国民の人気と評価を二分した日本映画界の巨匠、と思うようになった。が、黒澤がその後「世界の巨匠」とまで言われるようになったのにひきかえ、木下は死後、国民から忘れ去られた。そのことをなんとも残念に思っていたから、生誕100年を機に内外でその業績を再評価する機運が出てきたことがうれしく、この作品の上映を一日千秋の思いで待っていたというわけである。

軍備強化の動きが強まっている。木下恵介の訴えに耳を傾けたい。

［岡谷市文化会館カノラホールソサエティ発行の「カノラホールソサエティ」141号］

徹底した非暴力による平和運動を提唱

藤井日達

日本山妙法寺の藤井日達（ふじい・にったつ）山主の三十三回忌法要が2017年1月9日、千葉県鴨川市の同寺清澄山道場であった。「恩師行勝院日達聖人第三十三回忌」と題された法要には、厳しい寒さの中、同寺の僧侶、信徒をはじめ日蓮宗各宗派代表、インド、スリランカなど各国代表、海外の平和団体関係者ら約400人が参列したが、参列者たちは口々に山主の業績をたたえ、「山主の遺志を継ぎ、戦争への道を阻止するために平和運動を一層推進しよう」と誓い合った。

日本山妙法寺の開創者

第2次世界大戦後が終わって70年余になるが、この間、日本をはじめ世界各地で「反戦平和」「核兵器反対」を掲げる運動があるところでは、黄色の僧衣を着て、「南無妙法蓮華経」と唱えながら、うちわ太鼓をうち鳴らす僧侶の集団があった。日本山妙法寺の僧侶たちである。

日本山妙法寺の僧侶たちが参加した運動は、日本国内に限ってみても、東京・立川の米軍基地拡張反対運動、原水爆禁止運動、被爆者救援運動、日米安保条約改定阻止運動、ベトナム反戦運動、沖縄返還運動、成田空港建設反対闘争（三里塚闘争）、イラク戦争反対運動……と数え切れないくらいだ。最近では、脱原発運動、憲法9条擁護運動、安保法制廃止運動などの現場で日本山妙法事寺の僧侶たちの姿をみかける。

もちろん、その活動は地球全域に及ぶ。今でも、戦火が絶えないところ、紛争が続くところには、必ずといってよいほど日本山の僧侶の姿がある。

藤井日達山主は、その日本山妙法寺の開創者である。1918年（大正7年）に日蓮系の一宗派として最初の日本山妙法寺を中国・遼陽に開創、1924年（大正13年）には静岡県内に日本最初の妙法寺を建立、以後、全国各地に同様の寺を建立し続けた。

日達山主はその生涯を通じて膨大な法話を残しているが、その中で一貫して説いたのは、釈尊の教えの核心は「不殺生戒《ふせっしょうかい》」にあるという点だ。一言で要約すれば、「人を殺すな」ということだという。最大の殺生は人が人を殺す戦争である。そこから、日達山主は絶えず「世界平和」「核兵器廃絶」「軍備全廃」を訴え続けた。しかも、「絶えず行動を起こすこと」を説き、自ら平和運動の先頭に立った。老齢で歩行が困難になると、車イスで平和行進の先頭を歩んだ。

世界各国の平和団体、宗教団体、先住民団体との交流・連帯にも力を注いだ。

1982年は反核、軍縮を求める運動が世界的に高揚した年だった。同年6月にニューヨークの国連本部で国連主催の第2回国連軍縮特別総会が開かれたためだ。日達山主は、この総会に向けて米国大陸を横断する平和行進を提唱、日本山妙法寺の僧や信者が西海岸から東海岸のニューヨークまで歩いた。

車イスの山主はニューヨークで行進団を出迎え、さらにニューヨークのセントラルパークで開かれた国際NGO主催の100万人反核集会に参加して演壇から核兵器廃絶を訴えた。この時、山主は96歳だった。

日本山妙法寺の平和運動は徹底した非暴力を基本としているが、それは、徹底的な非暴力運動でインドを英国からの独立に導いたマハトマ・ガンジーから学んだ。日達山主は1933年（昭和8年）10月にインドでガンジーと会見しており、山主自身、その著書『仏教と平和』の中で「ガンジーの非暴力に学んだ」と語っている。

また、共通の目的を持つすべての人々が手を取り合うことの大切さをひたすら説き続け、平和運動の大同団結のために奔走した。日本国内では、分裂していた原水爆禁止運動の統一のために力を尽くした。

対話を通じて平和な世界を

日達山主の二十七回忌（2011年）に際し、日本山妙法寺は『報恩』という冊子を発行したが、宗教学者の山折哲雄氏は「日本山妙法寺」と題する一文を寄せ、その中でこう書いている。

「藤井日達上人は百歳の長寿を全うした人である。その足跡はインドをはじめとして全世界に及び、平和運動と伝道活動に献身した稀にみる国際的な仏教者だった」

藤井日達山主（日本山妙法寺提供）

「昭和二十年の敗戦以後、日本の仏教諸教団はこぞって平和主義を宣揚し、そして例外なく平和運動の戦列についた。しかし、そのときから今日にいたるまでの半世紀をふり返るとき、その平和運動の持続性と徹底性において、藤井日達の日本山妙法寺に及ぶものは一つもなかったといっていいだろう」

三十三回忌法要では僧侶らによる読経の後、来賓のあいさつがあったが、S・R・チノイ・インド大使、D・G・ディサーナーヤカ・スリランカ大使らは、日達山主が仏教普及や日本と両国との友好親善で果たした功績をたたえた。

米国から参加した平和運動家でカトリック神学者のジェイムズ・W・ダグラス氏（『ジョン・F・ケネディはなぜ死んだのか』という大著があり、寺地五一・寺地正子訳で2014年に同時代社から出版された）は、「私たちは1980年にワシントン州シアトル近郊のトライデント原潜基地の近くに『非暴力行動のためのグラウンド・ゼロ・センター』をつくり、トライデント核ミサイルに対する抗議活動をしたが、そこに藤井日達師が見えられ、共に祈ってくださった。おかげで、センターには希望と歓喜の明かりが灯された」と話した。

英国の著名な平和運動家、ブルース・ケントCND（核軍縮運動）元会長は、メッセージを寄せた。

そこには、こうあった。「藤井聖人の素晴らしいお言葉が、今も私の家の机の前に掲げられています。それは次のようなものです。『文明とは電灯のつくことでもない。飛行機のあることでもない。原子爆弾を製造することでもない。文明とは人を殺さぬことであり、物を壊さぬことであり、戦争をしないことである。文明とは相互に親しむことであり、相互に敬うことである』」

法要では、吉田行典・日本山妙法寺大僧伽首座の「導師法話」があった。首座はその中で、次のように述べた。

「日本政府の政策を見ていると、この国は変わり始めた。日本では、今、戦争への道が準備されている。集団的自衛権の行使、相次ぐ軍事的な立法、軍備増強、憲法改悪等を通じてだ。日本国民は再び甚大な苦難を経験することになるかもしれない。われわれは、平和憲法を守らなくてはいけない」「われわれは、世界の紛争を解決するためには、対話を通じて平和的で友好的な関係を確立しなければならない。人類は今、絶滅の淵にいる。われわれは、藤井日達聖人の教えを思い出し、戦争のない真に平和な世界を創造することを誓う必要がある。お題目を唱え、平和のために一層行動することを互いに誓い合おう」

私は、一度、藤井山主の謦咳《けいがい》に接したことがある。山主が93歳の時である。間近に見ることができた山主はまるで蒸留水のような澄明さと幼い子どもにような純粋さを感じさせた。これが、すべての我欲を捨て去った人のみが達することができる表情なのであろうか、とその時思ったものである。

［リベラル21・2017年1月19日］

氏名不詳

戦時下に英米人との友好を説いた軍事教官

今冬は、稀にみる厳寒である。わが故郷・諏訪の冷え込みは相当のものだろう、と推測する。何しろ、諏訪の冬の寒さは本州随一だろうというのが私の持論だ。なぜなら、50余年前、諏訪よりもはるか北の岩手県盛岡市で二冬過ごしたことがあったが、そこの寒さは諏訪よりもぬるかったからである。

そんな諏訪の冬の寒さに思いをはせるたびに、私の脳裏に去来する話がある。私が出た長野県諏訪清陵高校（旧制諏訪中学）の先輩、高尾利数氏が2002年に著した『清澄の日々——ロマン諏訪中学』（発行・なとり企画広報社）に出てくる「風変わりな軍事教官」の話だ。

諏訪中学校に伝わる話

高尾氏は1930年、山梨県都留市生まれ。諏訪中学卒業後、米国で神学を専攻、東京神学大学大学院で学び、関東学院大学を経て法政大学教授を務めた。諏訪中学に学んだのは太平洋戦争中の19

44年から戦後の1947年までの3年間。その時の経験をつづったのが本書で、小説の形をとった自伝である。

戦前の日本では、中学以上の学校に現役将校（軍事教官）が配属され、学生・生徒に軍事教練を施していた。学生・生徒間にマルクス主義が広がることを憂慮した政府が、軍事教練を通じて彼らに服従・規律の観念を教え込もうとした措置、と言われている。諏訪中学にも軍事教官が常駐するようになった。

「風変わりな軍事教官」の話は、高尾氏が諏訪中学在学中に上級生や同級生から聞いた伝承として紹介されている。それは、要約すると次のような話だ。

ある寒い冬の朝、凍てついた校庭で軍事教練の授業が行われようとしていた。あまりに寒いので、生徒たちは相談して教官に訴えてみようということになった。軍事教官が現れると、生徒たちは三八銃を両手に捧げて敬礼し、教官が口を開く前に級長が言った。

「教官殿！　寒いであります！」

教官は笑みを浮かべて言った。

「それがどうした？　教練は嫌か？　正直に言ってみろ！」

級長は答えた。

「実を言うと嫌であります！」

ところが、それに対する教官の言葉は意表をつくものであった。

「そうか。実は俺も嫌だ。教室へ行くか？」

そして、命じた。

「教室に向かって行進する。左向けぇ、左！　前へ進め！」

生徒たちが教室に着くと、ストーブの中の薪に火がつけられた。軍靴をぬいで入ってきた軍事教官は、数冊の書物を抱えていた。そして、それらの書物の一部を読んだ。エミリー・ブロンテの『嵐が丘』、シャーロッテ・ブロンテの『ジェーン・エア』、ナサニエル・ホーソーンの『緋文字』であった。それから、軍事教官は真剣な顔で生徒たちに話しかけた。

「われわれは、絶えず〈鬼畜米英〉という言葉を耳にしている。どうだ諸君。小説に出て来る人々は皆、米英の人間だ。これらの英米人がすべて皆、鬼畜だと思うか？」

「人間は、どこの国の者であれ、同じようなものだと思う。特に一般の庶民はそうだ。皆どこでも基本的には同じように、ささやかな幸せを求めて喜怒哀楽を感じながら生きている。しかし、当たり前のことが当たり前のこととして認められなくなることがある。それは危ないことだし、悲しいことだと俺は思う。お互いに人間なのだということを忘れたところには、本当の平和はないし、本当の喜びもない。諸君も、こういうことを忘れないで欲しい」


この話を読んで、私は大変驚き、かつ深く感動した。当時の日本の情況を考えれば、軍事教官がとった行動は大変勇気のいることだったからである。まさに「リベラルな」軍事教官と言ってよかった。その名前を知りたくて、母校の当時の教職員名簿や『清陵八十年史』などに当たってみたが、該当すると思われる軍事教官はついに見つからなかった。「学校での言説がたたって、戦地に送られ、そこで死んだらしい」と話してくれた人もいたが、確かめようもなかった。

このところ、日本国憲法を改定して「国防軍」を創設しよう、という動きが勢いを増している。いずれにしても、学園で軍事教練が行われるような光景だけは再現させたくない、と私は思う。

〔岡谷市文化会館カノラホールソサエティ発行の「カノラホールソサエティ」138号〕

反軍を唱えて消えた国際的結核医

末永敏事

無教会主義のキリスト教伝道者・内村鑑三の弟子で結核の先駆的研究者でありながら、戦時下に公然と反軍を唱えたため逮捕され、この世から抹殺された医師の足跡が、長崎新聞編集局長によって70余年ぶりに掘り起こされ、単行本になった。花伝社から出版された森永玲著『「反戦主義者なる事通告申上げます」——反軍を唱えて消えた結核医・末永敏事』である。当時の言論統制や思想弾圧の過酷な実態が明らかにされており、本書の母体となった新聞連載は２０１６年・第22回平和・協同ジャーナリスト基金賞奨励賞を受賞した。

謎の人物

この本の主人公、末永敏事（すえなが・びんじ）は、これまで全く知られていなかった人物である。長崎新聞編集局長の森永さんも、これまで耳にしたこともなかった人物だった。なのに、なぜこの人物の生涯を追うことになったのか。

2016年1月、長崎市に住む、敏事の遠縁にあたる人が、森永さんを訪ねてきた。「敏事の生涯を調べているが、自分たち親戚の調査では限界があるので、新聞社の力を借りたい」という依頼だった。森永さんはよく事情がのみ込めず「本当に実在する人物なのか」と半信半疑だったが、遠縁にあたる人についてきた人が懇意にしている学者だったこともあって、取材を始めた。

なにせ末永敏事が亡くなってから70年以上もたっていたため、彼を知っている人も、彼に関する資料も極めて少なく、取材は難航した。半年かがりでその足跡の一部が明らかになり、それを、2016年6月15日から10月6日まで長崎新聞に連載した。それに加筆したのが本書で、それによると、末永敏事とはこんな人物であった。

1887年（明治20年）に長崎県の北有馬村（現南島原市）の医師の家系に生まれた。1901年（明治34年）に上京し、青山学院中等科に入学。まもなく内村鑑三に出会い、その影響でクリスチャンとなる。

青山学院中等科を卒業すると帰郷し、医師を目指して長崎医学専門学校（現長崎大学医学部）に進む。同校を卒業すると、台湾で医師として働き、1914年（大正3年）、米国に留学する。結核を研究するためで、シカゴ大学やシンシナティ大学で学んだ。

米国滞在は10年に及ぶが、この間、敏事は結核菌の基礎研究に関する論文を次々と米医学専門誌などに発表する。このころ、日本では、結核は死に至る病としておそれられ、国民病と呼ばれていた。森永さんは、これらの論文を結核予防会の専門家に読んでもらった。すると、「大正期に結核の分野で国際的な仕事をしたというのは驚異的な事実。パイオニアと呼んでいい」「国際舞台に立った最初の日本人医師だろう」といった感想が寄せられたという。

１９２５年（大正14年）に帰国した敏事は、東京の帝国ホテルで、同じ無教会主義キリスト信者の女性と結婚式をあげる。敏事にこの女性を紹介したのは内村鑑三で、結婚式の司式を務めたのも内村だった（ただし、敏事はその後、この女性と離婚）。

結婚した敏事は自由学園に就職するが、１９２９年（昭和４年）、故郷の北有馬村で開業。そして、１９３７年（昭和12年）には、茨城県久慈郡賀美村（現常陸太田市）で「末永内科病院」を開業する。翌１９３８年（昭和13年）には、同県鹿島郡の結核療養施設、白十字保養農園に移り、住み込み医師として働く。キリスト教伝道者で社会運動家の賀川豊彦の紹介だった。

歴史から消し去られた抵抗者

ところが、この年の10月６日、敏事は茨城県特高（特別高等警察）に逮捕される。51歳であった。

本書によれば、１９３７年の日中戦争突入を受け、近衛文麿内閣は「国民精神総動員運動」を打ち出し、人と物を統制して戦争に集中させる国家総動員法を施行した。これを受けて、「国民職業能力申告令」が出された。医師の場合は、性別、診察能力、学歴・職歴、総動員業務従事への支障の有無などを地方長官へ申告しなければならなかった。

しかるに、敏事は茨城県知事あてに郵送した回答書に「平素所信の立場を明白に致すべきを感じ茲《ここ》に拙者《せっしゃ》が反戦主義者なる事及軍務を拒絶する旨通告申上げます」と記したのだった。「内心に秘めた反戦思想が当局に露見したのではない。国家総動員の手続きに沿って、わざわざ文書で、総動員に従わないという信条を届け出たのだ」と森永さん。当局としては、危険思想の持ち主である〝国賊〟と断定して逮捕に踏み切ったということだろう。

　そればかりでない。旧内務省資料の『特高月報昭和十四年一月分』には、勤務先の白十字保養農園の事務長らに「現在日本の政治の実権は軍部が握って居る、近衛首相は軍部に乗ぜられて居る其《そ》の現はれが日支事変である。軍部の方針は世界侵略を目指して居る」「今次事変の当局発表新聞記事、戦争のニュースは虚偽の報道である」「今度の戦争は東洋平和の為であると言ふて居るが事実は侵略戦争である」などと語っていたと記されていた。

　敏事は、なぜこうした信条や見方をもつに至ったのか。森永さんは、彼が内村鑑三の薫陶を受けたことが影響しているのでは、とみる。内村は非戦思想の持ち主であった。

　敏事は１９３９年（昭和14年）、陸海軍刑法違反（造言飛語罪）容疑で起訴された。軍刑法は軍人を罰する法律だが１９３０年代以降、民間人へも適用されるようになっていた。39年4月の水戸地裁での控訴審で禁錮3月の判決があり、敏事が上訴しなかったためこの刑が確定する。

　ところが、森永さんの追跡調査で明らかになったのは、ここまで。できる限り手を尽くしたが、これから後の彼の足跡はついにつかめなかった。

「戸籍によれば、敏事は１９４５年（昭和20年）8月25日、東京の「清瀬村」で死亡したことになっている。しかし、いくら調べても、彼が服役した刑務所、出所後の行動、死亡した場所、死亡の原因など、あらゆることが不明だったという。「清瀬村」を手がかりに東京都清瀬市の病院、とくに戦前、結核病棟を備えていたいくつかの病院に照会してみたが、敏事の記録は見つからなかった。

要するに、出所から死亡までの6年間の足取りが空白であった。唯一、彼の足跡が残っていたのは、1943年（昭和18年）春、敏事が東京・新宿通りにあった、幼なじみが経営する歯科医院に立ち寄ったことだけだった。そのことが、院長の手記に記録されていた。それによれば、敏事は「汚れた背広がぼろぼろに破れているのが異様で、ほおにけがをしたような痕があった」という。

彼の生涯は、一言でいえば、結核研究のパイオニアであったにもかかわらず、反戦主義者と申し出たがゆえに社会から抹殺され、世間からも忘れ去られたということだろう。森永さんは書く。「彼は歴史から消し去られた。危険思想の〝国賊〟とされたから、国際的医学者としての栄光も握りつぶされたのか。かといって、戦後に復活した共産党や宗教関係の戦時下抵抗者たちと並んでその名が記憶されることはなかった。従来の内村研究の中で敏事が重視されることもなかった」

本書を読み終わった時、私の脳裏に去来したのは「再び思想弾圧の時代が近づきつつあるのでは」との不安であった。

森永さんも、本書の「取材経緯」の最後を次のような文章で結んでいる。

「本書の編集途中だった2017年6月、改正組織犯罪処罰法が成立した。改正法で新設される『テロ等準備罪』は、犯罪を計画段階で処罰する共謀罪の流れをくむ。『現代の治安維持法』と呼ばれる共謀罪が形を変えて出現したのだとすれば、では、これが何の始まりなのかを考えていく必要がある。近い過去の失敗をもう一度考える必要がある」

今こそ、忘れ去られていた悲劇の結核医の孤独な生涯に思いをはせたいものである。

森永玲著『「反戦主義者なる事通告申上げます」――反軍を唱えて消えた結核医・末永敏事』（発行・花伝社）の定価は１５００円＋税。

［リベラル21・2017年11月25日］

治安維持法に反対して刺殺された代議士

山本宣治

8月は、誰しも物故者と〝出会う〟月である。今年（2016年）も8月にはお盆があったから、その期間中はあの世から里帰りしてきた祖先に〝出会えた〟し、加えて、広島原爆の日、長崎原爆の日、終戦記念日と続いたから、私たちは戦争で亡くなったおびただしい人びとに思いをはせることができた。私も多くの故人に〝出会えた〟が、最も印象に残ったのは、「やません」こと山本宣治（やまもと・せんじ）である。

「山宣ひとり孤塁を守る」

8月6日の広島原爆の日関連の行事や集会を取材した帰り、私は京都に途中下車し、そこで京都在住の友人（大学の同級生）と落ち合い、JR奈良線で宇治駅へ向かった。目的は、宇治市内にある平等院を見学することだった。私がまだ平等院を見たことがないのを知った友人が、案内を買って出てくれたのだった。

宇治駅で下車すると、友人が「平等院へ行く前に見せたいものがあるから」と、宇治川畔へ向かった。ついてゆくと、豊かな緑に囲まれた和風の国際観光旅館に着いた。「花やしき浮舟園」だった。友人は旅館の受付で何ごとか交渉しているようだったが、やがて青年が現れて、旅館の周りに茂る樹木の中の小道に私たちをいざなった。ついて行くと、古い土蔵に突き当たった。古い表札がかかっており、そこには「山本宣治記念資料館」とあった。

「山本宣治」と聞いても、今の若い人はどんな人物か知らないだろう。が、私の年代の者には「ああ、あの人物か」と思い出す人が少なくないに違いない。私は、学生時代に先輩からその存在を教えられて覚えていた。

しかし、その生涯については詳しくは知らず、知っていることと言えば「戦前の労農党の代議士で、治安維持法の改正に反対して活動中、東京・神田の旅館で右翼に刺殺された」「その闘いは孤立したもので、彼の最後の演説も『山宣ひとり孤塁を守る。だが私は淋しくない。背後には大衆がいるから』というものだった」ということぐらいだった。

「いまや伝説的な人物と言っていい山本宣治に関する資料をこの目で見られるとは」。私は思わぬ奇遇に胸の高鳴るのを覚えながら、薄暗く、人気のない蔵の中に陳列されている彼のデスマスク、胸像、著作物、揮毫《きごう》などを見て回った。

宇治に山本宣治記念資料館

資料館に備え付けられていたパンフレット『山本宣治（やません）墓碑、資料館早わかり』（2016年3月改訂版・宇治山宣会発行）によれば、彼の生涯は次のようなものであった。

1889年（明治22年）、京都市新京極のアクセサリー店の一人息子として生まれた。両親はクリスチャンだった。宣治は京都市内の高等小学校を卒業し、神戸の中学校へ進むが、胸を患って中退。両親は宣治のために宇治川川畔に別荘（これが後に「花やしき浮舟園」となる）を建て、宣治はここで養生生活を送る。

17歳の時、上京。大隈重信（明治・大正期の政治家で総理大臣を歴任。早稲田大学の創立者）邸に住み込んで園芸を学ぶ。1907年（明治40年）、カナダへ渡航し、家事手伝い、新聞配達、開墾、鮭捕りなどの労働に携わりながら、ハイスクールで学ぶ。ここで、自由と民主主義を尊ぶ科学的なものの見方を身につけたとされる。

1911年（明治44年）に帰国し、同志社普通学校へ編入学。1914年（大正3年）、そこを卒業し、旧制第三高等学校へ。この年、丸上千代と結婚。1917年（大正6年）には東京帝国大学に進み、動物学を専攻する。東京・小石川に妻、子ども2人と住む。

1920年（大正9年）、32歳で東京帝国大学を卒業し、京都大学大学院へ入学。そのかたわら同志社大学予科講師となり、「人生生物学」を教える。翌21年には、京都大学医学部講師、次いで同大学理学部講師になる。

1922年（大正11年）。この年、日本共産党が創立される。宣治は、この年、米国の産児調節運動家サンガー女史が来日したのを機に労働者・農民への産児調節教育を始める。さらに、自由大学・労働学校の講師を務めるなど、労働者を対象とする教育活動に携わる。1924年（大正13年）には、鳥取市で産児制限に関して講演中、立ち会いの警察官から「弁士中止」を受け、演壇から引きずり下ろされる。これが原因で京都大学理学部講師を辞めさせられる。

1925年（大正14年）、普通選挙法と治安維持法が公布される。これ以前の選挙は一定額以上の税金を納めた者にだけ選挙権を与えるという制限選挙だったが、普通選挙法により、25歳以上の男性は選挙権を得た。ただし、女性は除外されていた。年ごとに高まりを見せていた普通選挙を要求する国民の声に政府がようやく応えたのが、この法律だった。

一方、治安維持法は「国体（天皇制）を変革しまたは私有財産制度を否認することを目的として結社を組織したり、これに加入した者を10年以下の懲役または禁固に処す」という法律であった。要するに、共産党（当時は非公然）をはじめ労働者や農民の政治的活動を取り締まるための法律であった。政府は、アメとムチの法律を抱き合わせで施行したわけである。

こうした状況の中で、1926年（大正15年）、無産政党の労農党が結成され、宣治は労農党京滋支部に参加する。翌年、労農党京都府連委員長に選出される。1928年（昭和3年）には第1回普通選挙が行われ、宣治は京都府第2区から労農党候補として立候補し当選。当選者466人中、無産政党からの当選者は8人。宣治はその1人であった。

その直後、共産党員とその支持者、労農党員ら約1600人が治安維持法違反で検挙されるという

「3・15事件」が起き、宣治は犠牲者救援に奔走する。

1929年（昭和4年）、治安維持法改正案が帝国議会に上程される。処罰の量刑を「10年以下の懲役または禁固」から「死刑または無期もしくは7年以上の懲役もしくは禁固」に引き上げるというものだった。宣治はこれに強く反対し、議会でもそれを表明しようとするが、発言を封じられ、改正案は3月5日、可決、成立する。

その夜、宣治は常宿としていた神田の旅館光栄館で、「労働者だが、ストライキのことで相談したい」と身分を偽って訪ねてきた右翼団体の黒田保久二に短刀で刺殺された。39歳10カ月だった。

遺体は東京で荼毘《だび》にふされ、遺骨が宇治の「花やしき浮舟園」に移された。そこで1週間にわたって通夜が行われた。日本が、いわゆる「15年戦争」に突入するのは、それから1年半後のことである。

命をかけて治安維持法改正に反対

「花やしき浮舟園」は、その後も宣治の遺族によって経営されている。墓は宇治市内にある。墓には大山郁夫（戦前、早稲田大学教授から労農党委員長に就任。戦争中は米国に亡命、戦後、同大学教授に復職）の筆で「山宣ひとり孤塁を守る　だが私は淋しくない　背後には大衆が支持してゐるから」と刻まれているという。

宣治が右翼のテロに倒れてから87年。宣治はもう遠い過去の歴史に埋もれてしまった人物だろうか。同パンフをめくっていたら、宣治が1929年の第1回普通選挙に立候補した時に掲げた政見が載っていた。それは以下のようなものだった。

立毛差押立入禁止反対。耕作権の確立
失業者の生活国庫保証と最低賃銀の制定
所得税の免税点の引上及その高率累進賦課
生活必需品の関税及消費税の廃止
言論集会出版結社の自由
選挙法の徹底的改正
働く農民に土地を保証せよ！
労働者に仕事と食を與江《あたえ》よ！
税金は大地主大資本より出させよ！
すべての人民に自由を與江よ！

その中に「言論集会出版結社の自由」があったのが、ひときわ私の目を引いた。「そうだ。宣治が命をかけて治安維持法改正に反対したのは、言論・集会・結社の自由をなんとしても守りたかったからだ」。そんな感慨に襲われた。

戦後に制定された日本国憲法は「集会・結社・表現の自由」を保障している。が、安倍政権になってから、特定秘密保護法が制定された。これについては今なお「国家機密を拡大し、国民の知る権利が制約されかねない」との批判が強い。

山本宣治の墓（宇治市の善法墓地内）

そればかりでない。この7月には、自民党が教育現場で政治的中立性を逸脱する教員の事例がなかったかを把握する実態調査への協力を、ホームページ上で募っていたと、共同通信などが報道した。また、参院選前の大分市で、野党を支持する労組などが入る建物の敷地に警察署員が無断で立ち入り、ビデオカメラを設置する、といった出来事があった。そのうえ、安倍政権は、過去に廃案となった「共謀罪」の成立要件を絞り込んで「テロ等組織犯罪準備罪」を新設することを柱にした組織犯罪処罰法改正案を今秋の臨時国会へ提出する構えだ。

「言論集会出版結社の自由」が、また侵されつつあるのではないか。山本宣治の訴えは決して古くさび付いたものではなく、現代日本にも通ずるのではないか。そう思わずにはいられない。

そればかりでない。彼の政見の中には、87年後の今もまだ実現していない項目がいくつもある。そのこともまた、彼の訴えが今なお古くはなっていないことを感じさせる。

［リベラル21・2016年9月3日］

戦後平和運動の到達点

岩垂 弘

第2次世界大戦で敗北した日本は、1945年8月15日を機に新しい国家を目指す道を歩み始めたが、それから73年になる。この間、国民によるさまざまな社会運動（大衆運動）が展開され、内外に大きな影響を及ぼしてきた。それには、憲法擁護とか沖縄返還要求とか他国との国交回復などの政治的課題を掲げた運動、労働条件の改善など経済的課題を掲げた運動、公害に反対し環境保護を求める運動、生活必需品に関する要求を掲げた消費者運動などをあげることができる。

が、最も長きにわたり、しかも最も多くの国民によって担われた社会運動は、「反戦」と「反核」を基軸とする平和運動である。つまり、運動として継続した期間においても、参加者数においても、戦後日本の最大規模の社会運動は平和運動であった。

平和運動の広がり

その平和運動は多種多様であった。

まず、米軍の占領下に置かれた敗戦直後には、米軍基地反対運動が多発した。基地のための土地接収や基地がもたらす被害に反対して、基地周辺の住民が立ち上がったのだった。中でも、1955年9月に東京・砂川町で始まった米軍立川基地拡張反対闘争（砂川闘争）は最大の米軍基地反対運動だったと言っていいだろう。

これに先立つ1952年に対日講和条約と日米安保条約が発効。1958年に発足した岸信介・自民党内閣が同条約の改定を進めると、「改定により日本が戦争に巻き込まれる危険が増す」とする安保改定阻止運動（60年安保闘争）が59年秋から全国的規模で盛り上がった。60年5月20日に自民党が衆院本会議で改定安保条約（新安保条約）を警官隊を導入して強行採決したことから、「民主主義を守れ」との声が急速に高まり、運動は激しさを増した。結局、自民党は新安保条約を参院で可決・成立させる。

その後、同条約は1970年に10年の固定期限切れを迎え、日米両国政府のどちらか一方が条約破棄をしない限り、自動的に延長されるという局面に。このため、学生と労組を中心に条約の自動延長に反対する反安保闘争が展開されたが、自民党政府は「自動延長」で対抗し、新安保条約は継続となる。こうして、反安保勢力は1960年と1970年の2度にわたって安保条約破棄を実現させることが出来ず、条約は今も継続中だ。

1965年からは、ベトナム反戦運動が盛り上がった。南ベトナムで、北ベトナムの支援を受けた南ベトナム民族解放戦線が武力闘争を活発化すると、米国は50万を超す軍隊を南ベトナムへ派遣、さらに北ベトナムへの空爆（北爆）に踏み切った。こうしたベトナム戦争のエスカレーションに米国内で反戦運動が起こり、世界各地に波及した。日本でも、市民による「ベトナムに平和を！市民連合」

（べ平連）が生まれ、米軍に脱走を呼びかけるなど多彩な活動を展開。労組なども「日本政府はベトナム戦争に協力するな」と立ち上がり、日本中でベトナム反戦運動が高揚した。ベトナム戦争は１９７３年に停戦が実現し、やがて米国側の敗北で終わる。

さらにまた、この時期、米国の施政権下にあった沖縄県民が始めた祖国復帰運動が盛り上がり、佐藤栄作・自民党内閣も米国政府と沖縄返還を交渉せざるをえなくなった。１９６９年11月には、「72年に沖縄を日本に返還する」とのニクソン・佐藤共同声明が発表される。沖縄県民の訴えに呼応して、本土でも沖縄返還運動が起こった。

こうした経緯から、１９６０年代後半から１９７０年代初めにかけての日本では、日米安保条約自動延長反対運動、ベトナム反戦運動、沖縄返還運動という3つの運動が、渾然一体となって展開されることになる。

当時、祖国復帰を願う沖縄県民は復帰にあたり、「即時無制限全面返還」を要求していた。つまり、沖縄県民が日本に復帰するにあたっては、沖縄の米軍基地をすべて無くし、沖縄に貯蔵されている核兵器を撤去せよ、という主張だった。これを実現するには、日米安保条約をなくさなければならない。それに、沖縄の米軍基地は米軍機のベトナム爆撃に使われていた。それ故、沖縄県民の要求は、本土の反安保闘争とベトナム反戦運動が掲げる要求と重なる面があったのだ。したがって、本土と沖縄を舞台に展開された3つの運動は相互にからみあっていたわけである。

結局、政府は「核抜き本土並み」返還を断行。施政権は日本に戻ったものの、沖縄にも日米安保条約が適用されることになった。この結果、米軍基地が引き続き沖縄に残ることになり、県民側に不満を残す。

「9年の空白」とビキニ被災事件

ところで、マスメディアには、「戦後最大の平和運動は60年安保闘争」とする見方があるが、私はそれには賛同しない。運動継続の時間的長さ、運動に参加した人の数の両面からみると、やはり、戦後最大の平和運動は原水爆禁止運動だと思うからだ。

日本は戦争被爆国である。米軍によって、太平洋戦争末期の1945年8月6日広島に、同8月9日長崎にそれぞれ原爆が投下され、広島で14万人（誤差プラスマイナス1万人）、長崎で約7万人（同）が死亡したとされる。また、被爆直後から1950年までの5年間に、広島でほぼ20万人、長崎で14万人が死亡したという見方もある。どちらも、死者の大半は非戦闘員の市民であった。まさに人道に反する人類史上稀に見る大虐殺と言ってよかった。

であれば、被爆直後から日本国民から「原爆反対」の声があがって当然というものだが、広島で散発的な原爆反対の動きがあったものの、それは全国に広がらなかった。「原爆反対」の声が全国民的なものになるのは1954年のことだから、そこには「9年の空白」があった。

なぜそんなことになってしまったのか。それにはさまざまな見方があるが、まず、この時期は日本人全体が敗戦による虚脱状態にあり、広島・長崎の惨害に目が行かなかったからではないかと考えられる。加えて、日本に進駐してきた連合国軍総司令部（GHQ）がメディアに対し原爆に関する報道を禁じたため、日本国民がヒロシマ・ナガサキについて知る機会を奪われていたからだと私は思う。

さて、その「9年の空白」を終わらせたのは世界的な大事件「ビキニ被災事件」である。1954年3月1日未明、西太平洋のマーシャル諸島ビキニ環礁で米国による水爆実験が行われた。爆発力は広島型原爆の1000倍以上とされ、それまでの最大規模の核実験だった。この時、実験地から東北東150キロ、航行制限区域から35キロ離れた洋上で操業中だった静岡県焼津港所属のまぐろ漁船・第五福竜丸の乗組員23人が実験によって生じた「死の灰」（放射性降下物）を浴び、帰港後、急性放射能症と診断され、入院を余儀なくされる。この間、無線長の久保山愛吉さんが死亡し、水爆による世界最初の犠牲者となる。他に、実験地から東へ200～300キロ離れた島々にいた住民243人（うち胎内4人）も被ばくする。

米国とソ連による激烈な核兵器開発競争の最中で起きたこの事件は、読売新聞のスクープによって報道され、世界に衝撃を与え、日本を震撼させた。焼津市はパニック状態となった。各地の港に揚げられる魚は放射能に汚染されているということで廃棄処分となり、漁業・水産業界は甚大な被害を被った。〝原爆まぐろ〟が流行語になり、まぐろを食べるのを控える人が続出した。放射能を含んだ雨が降り注ぐようになり、雨の日は傘が必携となった。

原水爆禁止日本協議会（原水協）の結成

こうした異常事態の中で、東京都杉並区で、主婦たちによる「水爆禁止署名」（その後、原水爆禁止署名と変更）が始まった。それは瞬く間に全国に波及、同年8月には、原水爆禁止署名運動全国協議会が結成された。署名運動に携わる人びとの間で「原水爆禁止を世界各国の政府と国民に訴えよう」

との声が高まり、1955年8月6日から広島市で第1回原水爆禁止世界大会が開かれる。

これには海外から3国際組織と米国、フランス、イタリア、ポーランド、オーストラリア、インドなど14カ国の計52人が、国内から約5000人が参加した。署名は世界大会までに3238万2104筆に達し、大会で採択された宣言は「将来もしも原子戦争が起こるならば、世界中がヒロシマ、ナガサキ、ビキニになり、私たちの子孫は破滅するでしょう」「私たちは、まず原水爆がすべて禁止され、その貯蔵が破棄され、さらに軍備が縮小されて、人類の上に真の平和が来る日まで、広く全世界の憂いを同じくする人びとと手をつないで、この運動を展開していかねばなりません」と述べていた。

大会後、原水禁運動をさらに発展させるために、ナショナルセンターとして、労組、市民団体、宗教団体、文化団体など広範な団体、個人が加わる超党派的な「原水爆禁止日本協議会（原水協）」が結成される。その後、原水協の主催で毎年夏、世界大会が開催されるが、1959年に原水協に亀裂が生じる。

この年、岸信介・自民党内閣が進める日米安保条約改定に反対する「安保条約改定阻止国民会議」に原水協が加盟したため、自民党が原水禁運動を「偽装平和運動」と決めつけ、「アカの大会に地方自治体は補助金を出すべきでない」との方針を打ち出したため、地方自治体は各地方原水協への援助を打ち切る。これをきっかけに、保守系の人びとが運動から離れた。

さらに、民社党、全日本労働組合会議系の団体が「原水禁運動は容共反米運動だから、われわれは真に人道主義的な立場に立った運動を展開する」として、1961年に「核兵器禁止平和建設国民会議（核禁会議）」を結成、自民党系の人びともこれに合流した。

分裂する原水禁運動

その後、原水協そのものが真っ二つに分裂する。

分裂の舞台となったのは1963年8月の第9回原水爆禁止世界大会である。分裂の引き金となったのは、「いかなる国の核実験にも反対する」問題と「部分的核実験禁止条約の評価」だった。社会党・総評（日本労働組合総評議会）系が「いかなる国の核実験にも反対は日本国民の切実な要求だから、これを大会の基調にすべき」と主張したのに対し、共産党系がこれに反対し、「すべての核実験禁止をスローガンにすべき」と主張した。

部分的核実験禁止条約は、世界大会直前に米国、ソ連、英国の3国により仮調印された条約だが、社会党・総評系が「核兵器全面禁止への第一歩として評価できるから、大会で支持しよう」と主張したのに対し、共産党系は「地下核実験の禁止が除外されている条約を認めることは、米国の核戦争準備を野放しにし、米帝国主義と闘っている諸国人民の手をしばることになる」として反対した。

結局、社会党・総評系が大会をボイコットして別に大会を開いたため、世界大会は分裂してしまう。社会党・総評系はその後、「原水爆禁止日本国民会議（原水禁）」を結成する。これ以降の原水協は共産党が主導権をにぎる。

共産党系が「いかなる国の核実験にも反対」に賛成せず、部分的核実験禁止条約も評価しなかったのは、当時、日本共産党と友好的な関係にあった中国の最初の核実験が迫っていたので、共産党としては、中国の手をしばることになる大会決議や条約を容認できなかったのだ、との見方が強い。

原水協と原水禁はその後、対立・抗争を続ける。原水協に加盟していた市民団体の全国地域婦人団体連絡協議会（全地婦連）、日本青年団協議会（日青協）も原水協から脱退し、分裂に嫌気がさして運動から去る人が相次いだ。このため、原水禁運動はスタート時の勢いを失い、沈滞する。

運動統一で空前の高揚

ところが、1977年、原水協と原水禁の両トップ（原水協の草野信男理事長と原水禁の森瀧市郎代表委員）が電撃的に会談し、「世界大会を統一して開催する」「年内をめどに国民的大統一の組織を実現する」ことで合意する。このころ、国際共産主義運動の分裂の影響を受けて、日本のあらゆる社会運動団体が共産党系と社会党・総評系に分裂しつつあったが、その中でただ一つ、原水禁運動だけは逆に「統一」へ向かったのだった。まさに、「奇跡」であった。運動の統一を願う国民感情が、運動のリーダーたちを突き動かしたのだった。

この結果、全地婦連、日青協、日本生活協同組合連合会などの市民団体が運動に復帰し、原水協、原水禁とともに統一実行委員会を結成する。運動は、「協」、「禁」、市民団体という3つの組織によって担われることになった。

これを機に、原水禁運動は空前の高揚をみせる。同年8月に統一世界大会が14年ぶりに広島で開かれたのを皮切りに、毎年夏、同様の世界大会が広島、長崎で開かれるようになった。そして、3つの組織は、1978年の第1回国連軍縮特別総会（SSDI）に1869万筆の核兵器完全禁止要請署名を携えた502人の統一代表団を派遣。さらに、1982年の第2回国連軍縮特別総会（SSD

Ⅱ）では、２８８６万筆の核兵器完全禁止要請署名を携えた１２１２人の統一代表団を派遣した。この時は、公明、民社、新自由クラブなど中道４党と同盟、宗教団体も別に同様の署名を行い、それを国連に届けたので、ＳＳＤⅡに届けられた日本からの署名はなんと８０００万筆にのぼった。原水禁運動はこの時期、最高潮に達したと言ってよかった。文学、音楽、演劇、美術、写真、伝統芸能などの文化界がこぞって反核声明を出したほどだった。もっとも、「協」・「禁」両トップで合意された「組織統一」は難航し、実現しないまま時が流れた。

運動は再び分裂へ

しかし、こうした運動が、１９８４年、突然、暗転する。原水協が、原水禁や市民団体との共闘に熱心だった一部役員（代表委員と代表理事）を解任したからである。原水協に影響力をもつ共産党がその役員を「独断専行があり、そのうえ、原水禁・総評に屈服、追従した」と非難したためだった。それればかりでない。原水協は、これら役員が世界大会に参加することにも反対した。これに対し、原水禁と市民団体が反発し、ついに１９８６年の世界大会を統一して開くことができず、運動は再び分裂してしまった。背景には、社会党が「社共共闘」から「社公共闘」に軸を移したことや、労働戦線の再編で、総評主流派が、共産党と友好関係にある反主流派の統一労組懇（統一戦線促進労働組合懇談会）と対立を深めつつあったことがあった。

ともあれ、それから32年、原水禁運動は依然分裂したままで、運動再統一の動きは全くない。もちろん、この間、運動は営々と続けられてきたが、今や、運動がかつて持っていた国民的熱気と吸引力と影響力は感じられないというのが運動の現況である。

核軍縮の進展に貢献

ここらで、原水禁運動の総括をしておきたい。

まず、運動が果たして来た政治的・社会的役割だが、私は、とても大きかったと思う。それをいくつか挙げると、まず国際的な貢献である。具体的に言うなれば、日本の原水禁運動は世界の核軍縮の進展に貢献してきた、ということだ。

核分裂の発見→原爆の製造は世界政治を根底から変えてしまい、第2次世界大戦直後は、諸外国による核開発競争が激化した。大戦終結前に原爆を持っていたのは米国だけだったが、次いでソ連、それを追うように、英国、フランス、中国、インド、パキスタン、北朝鮮が次々と原爆を保有するに至った。水爆や核兵器の運搬手段の開発も進んだ。

こうした状況に深刻な危機感を抱く国々が増え、核軍縮を求める声も徐々に高まり、これまでにいくつもの核軍縮に向けての国際的取り決めが実現している。例えば、部分的核実験禁止条約（1963年）、中南米非核地帯設置条約（1968年）、核不拡散条約＝NPT（1970年）、南太平洋非核地帯設置条約（1986年）、NPT再検討・延長会議がNPTの無期限延長を採択（1995年）、東南アジア非核地帯条約（1997年）、国際司法裁判所が「核兵器の使用・威嚇は一般的には国際法、人道法の原則に反する」とした国連への勧告的意見を発表（1996年）、国連総会が核爆発を伴うあらゆる核実験を禁止する包括的な核実験禁止条約＝CTBT＝を採択（同）、アフリカ大陸非核地帯設置条約（2009年）、中央アジア非核地帯条約（同）、国連の会議で核兵器禁止条約を採択（2017年）等々である。

こうした国際的取り組みが実現した背景には、広島・長崎の原爆被害の実相が、次第に世界の人びとに認識されるようになったということがあるとみて差しつかえない。つまり、世界の人びとが広島・長崎での悲惨な被害を知り、こうした非人道的なことは決して許してはならないとの思いを強くしたからこそ、これらの核軍縮措置が日の目を見たのだ。すでに明らかになっていることだが、朝鮮戦争とベトナム戦争で、米国は原爆の使用を考えた。が、結局、使用できなかった。これも、原爆に反対する国際世論があったからだ、と見ていいだろう。

世界の人びとに原爆がもたらす被害の実相をこれまで訴え続けてきたのは、広島・長崎の被爆者、市民であり、そして原水禁運動参加者だった。日本原水爆被害者団体協議会や原水禁関係団体は、これまで何度も世界各地に代表団を送り、被爆の実態を知ってもらう活動を続けてきた。被爆の実相を世界に伝える上での広島市と長崎市の努力も見逃せない。

とりわけ指摘しておきたいのは、被爆の実態を広く世界に知らせる上で大きな役割を果たした催があったことである。それは「被爆の実相とその後遺・被爆者の実情に関する国際シンポジウム」で、1978年に東京―広島―長崎を結んで開催された。これは、日本の原水禁運動関係者が国際NGOの国際平和ビューロー（IPB）、世界平和評議会（WPC）、婦人国際平和自由連盟（WILPF）などに呼びかけて実現したもので、内外の専門家・研究者のほか、国内の原水禁運動関係者が参加した。

日本の核武装を阻止

第2にあげたいのは、原水禁運動が日本の核武装を阻止するうえで果たしてきた役割である。戦後まもなくから、日本も核武装すべきだという意見が、保守系の政治家や著名な学者によって公然と唱えられてきた。が、こうした意見はこれまで国民の心をつかむことが出来なかった。原水禁運動が大会や集会、あるいは署名活動を通じて訴え続けた原爆の恐ろしさの方が国民の心を捕らえたのである。

第3にあげたいのは、当然と言えば当然だが、原水禁運動が被爆者を救援する活動を続けてきたということである。被爆者を援護する国の施策として、これまで、原爆医療法（1957年）、原爆特別措置法（1968年）、この2つを統合した被爆者援護法（1994年）が制定されてきた。これらは被爆者自身による運動が結実したものだが、背後には、原水禁関係団体による被爆者救援運動や被爆者援護法制定を求める運動があった。

これからの原水禁運動に求められるもの

もちろん、運動が60年余も続けば、運動の弱点も明らかになってきた。

1つは、分裂によって運動の力がそがれたことである。大衆運動では、統一は運動を強め、分裂は運動を弱める、というのが原則。原水禁運動は1986年の再分裂で、国民の信頼を失い、運動は著しく弱体化した。このため、世界への発言力、発信力が低下してしまった。それまでの日本の原水禁運動は世界の核兵器廃絶運動をリードしていたが、1986年以降、世界の核兵器廃絶運動を主導しているのはIPB、核戦争防止国際医師の会（IPPNW）、核兵器廃絶国際キャンペーン（ICAN）などの国際NGOだ。

第2の弱点は、これまでの運動が多分に被害者意識一辺倒に基づく運動であったことだろう。確かに、日本は米国の核兵器によって未曾有の被害を受けた。人道の立場から米国の行為は糾弾されるべきだが、広島・長崎への原爆投下は、いわば日本のアジア各国・諸民族への侵略戦争がもたらした「結末」でもあった。侵略されたアジアの人びとの間には、「これで私たちは日本帝国主義から解放される」と原爆投下を歓迎する声もあったのである。だから、広島の被爆詩人・栗原貞子は「〈ヒロシマ〉といえば／〈ああ　ヒロシマ〉とやさしくは／返ってこない／アジアの国々の死者たちや無告の民が／いっせいに犯されたものの怒りを／噴きだすのだ／〈ヒロシマ〉といえば／〈ああ　ヒロシマ〉と／やさしくかえってくるためには／捨てた筈の武器を　ほんとうに／捨てねばならない」とうたった。

運動関係者の間から「原爆を被害者意識だけからとらえていたら、いくら原爆反対を叫んでも世界の人びとに受け入れられない。被爆は被害と加害の両面から見てゆかねばならない」との声が出てくるのは1970年代のことである。

第3の弱点は、日本が抱えている矛盾に運動が鈍感なまま来てしまったことだろう。その矛盾とは、「日本人は米国の『核の傘』の下で反核を叫んでいる」という事実である。

歴代の日本政府は、「わが国は非核3原則（核兵器を持たず、つくらず、持ち込ませず）を国是とする」と言明しながら、非核3原則の法制化を拒否し、実際には「非核4原則」を国の基本政策としてきた。非核3原則は守るが、国の安全保障は日米安保条約に基づく米国の核抑止力に依存するというのである。したがって、日本政府は戦争被爆国の政府でありながら、国連の会議で採択された核兵器禁止条約に賛成せず、世界のひんしゅくを買った。

こうした矛盾がずっと続いていながら、日本の原水禁運動はこの矛盾に真正面から向き合わず、日本政府の核政策を変えることができなかった。

第4は、核エネルギーの利用についての意見の違いから、運動がなかなか共同してできなかったという点である

日本政府は、敗戦後この方、原子力兵器の開発はしないが、原子力の平和利用（原子力発電）は積極的に進めるという政策を推進してきた。これに対し、運動側は2つに割れた。原水爆には反対するが原発は容認という立場と、原水爆にも原発にも反対する「核絶対否定」の立場で、前者が原水協、後者が原水禁だった。国際的には「核絶対否定」が運動の大勢だったから、日本は異例だった。

原水協と原水禁の対立・抗争の背後には、こうした原発にどう対処するかという問題が横たわっていたのである。原水協が原発容認の立場をとってきたのは、原水協に影響力をもつ共産党がそうした方針だったからだ。しかし、こうした構図もある出来事を契機に一変する。２０１１年の東日本大震災にともなう東京電力福島第1原子力発電所の事故である。これを機に共産党は「原発ゼロ」を打ち出し、原水協もそれに従った。今や、「協」と「禁」を隔てる溝はなくなった。

運動が、政党や労働組合の政治路線に振り回されて分裂を繰り返してきたことも弱点の1つだ。要するに、社会団体としての自立性を欠いていたことがこうした混乱を招いたと言える。だから、運動を顧みて今、運動に求められているのは、政党や労組から自立、独立することだろう。そして、政党や労組側に求められているのは、運動団体への介入を自制することだろう。

著者略歴
岩垂 弘（いわだれ・ひろし）
ジャーナリスト。長野県生まれ。早稲田大学政経学部卒業。1958年朝日新聞社入社、社会部員、首都部次長、社会部次長、編集委員などを経て1995年退職。同年、平和・協同ジャーナリスト基金を創設し代表運営委員を務める。
主な著書に『ジャーナリストの現場』、『核なき世界へ』、『平和と協同を求めて』（以上、同時代社）、『「核」に立ち向かった人びと』（日本図書センター）など、編著に『「声なき声」をきけ―― 反戦市民運動の原点』、『生き残れるか、生協』（以上、同時代社）、『日本原爆論大系』（日本図書センター）などがある。

戦争・核に抗った忘れえぬ人たち

2018年8月9日　　初版第1刷発行

著　者　　岩垂　弘
発行者　　川上　隆
発行所　　株式会社同時代社
　　　　　〒101-0065　東京都千代田区西神田2-7-6
　　　　　電話　03(3261)3149　FAX　03(3261)3237
組　版　　有限会社閏月社
装　幀　　クリエイティブ・コンセプト
印　刷　　中央精版印刷株式会社

ISBN978-4-88683-843-8